Organisationsentwicklung im Spiegel der Natur

AF148747

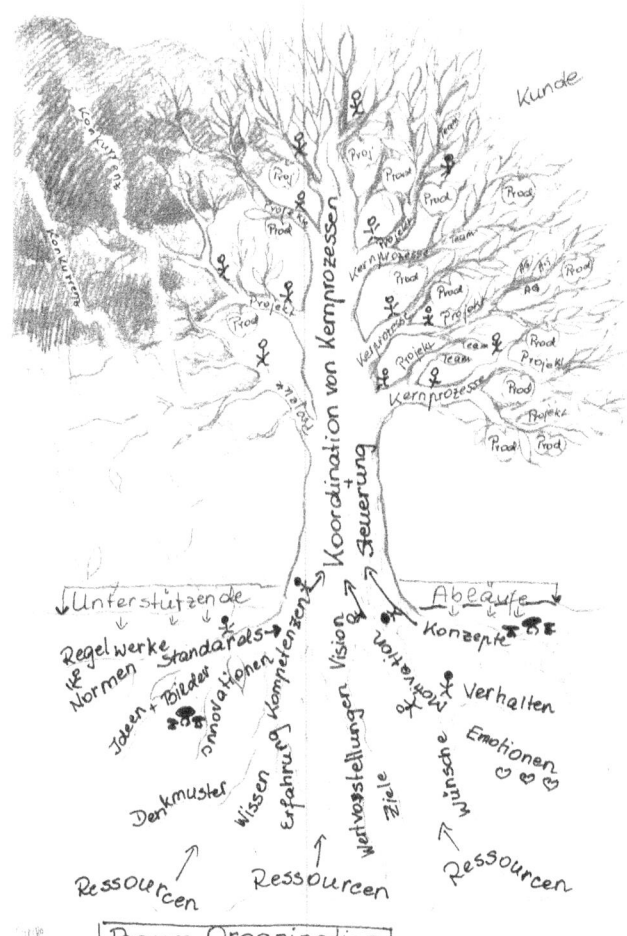

Baum Organisation

Ursula Schullerus

Organisations-entwicklung im Spiegel der Natur

Von Bäumen für erfolgreiches und
nachhaltiges Management lernen

Ursula Schullerus
Kompetenzentwicklung und Beratung
Rottweil, Deutschland

ISBN 978-3-658-45063-2   ISBN 978-3-658-45064-9   (eBook)
https://doi.org/10.1007/978-3-658-45064-9

Die Deutsche Nationalbibliothek verzeichnet diese Publikation in der Deutschen Nationalbibliografie;
detaillierte bibliografische Daten sind im Internet über https://portal.dnb.de abrufbar.

Planung/Lektorat: Ulrike Loercher
Springer Gabler ist ein Imprint der eingetragenen Gesellschaft Springer Fachmedien Wiesbaden GmbH
und ist ein Teil von Springer Nature.
Die Anschrift der Gesellschaft ist: Abraham-Lincoln-Str. 46, 65189 Wiesbaden, Germany

Wenn Sie dieses Produkt entsorgen, geben Sie das Papier bitte zum Recycling.

Vorwort: Die Geschichte vor der Geschichte

Auf der Suche nach einem neuen Modell

Seit vielen Jahren erlebe ich als Beraterin für Kompetenzentwicklung ein Dilemma der Organisationsentwicklung:

Wie können Struktur, Prozess und menschliches Handeln in Einklang gebracht werden?

Das Dilemma, das es zu lösen gilt, ist, die Spannung zwischen dem Bedürfnis nach Gestaltung (menschliches Handeln) und der Notwendigkeit von Routinen (Struktur und Prozesse) in einem sinnvollen Gleichgewicht zu halten Abb. 1.

Die klassische Organisationsentwicklung legt den Schwerpunkt in der Regel auf die Neugestaltung von Struktur und Prozessen. Für diese neue Struktur werden die Fähigkeiten der menschlichen Arbeitskräfte so entwickelt, dass das Individuum, wie ein Zahnrad ins Getriebe der Organisation eingepasst werden kann. Diese „Einpassung" vorzunehmen, ist Aufgabe der Personalentwicklung. Sie sorgt dafür, dass die Mitarbeitenden die notwendigen Kompetenzen, die sie an den neuen Stellen brauchen, entfalten können, um sich in den Arbeitsprozess einzupassen. Das Individuum jedoch hat ein Grundbedürfnis nach Gestaltung und Kreativität [23]. Diesem Bedürfnis steht eine derartige *Einpassung* des

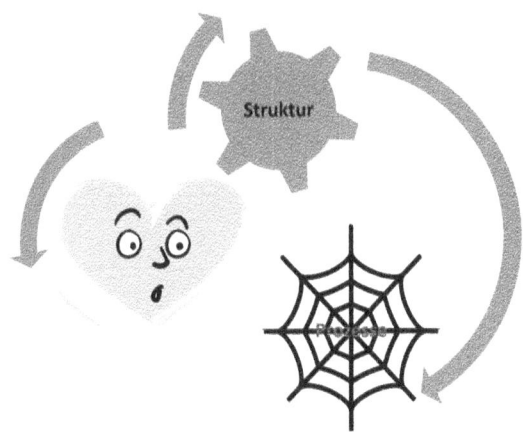

Abb. 1 Spannungsfeld Struktur, Prozesse, menschliches Handeln. (Quelle: eigene Darstellung)

Individuums auf eine bestimmte Stelle im Prozess entgegen. Folglich entsteht ein Spannungsfeld zwischen Lebendigkeit und Aufrechterhalten von Routinen, ein Spannungsfeld, in welchem die Routine meistens Vorrang hat.

Dieser Schwerpunkt auf die Routine zeigt, dass wir Organisation immer noch als Mechanismus mit austauschbaren Teilen verstehen. Dementsprechend ist die Aufgabe der Organisationsentwicklung, eine Vorgehensweise und Neuordnung für einen geplanten Wandel des bestehenden Mechanismus Organisation zu ermöglichen. Die meisten Modelle der Organisationsentwicklung versuchen, Strukturen zu schaffen, sodass die Prozesse kontrolliert und reibungsfrei laufen, und die Routine nicht gestört wird. Wie aber kann aus Routinen etwas Neues entstehen? Und was geschieht, wenn der Wandel ungeplant notwendig wird?

Jeder und jede, die in einer Organisation arbeiten, erlebt, dass die Methoden des gesteuerten Wandels oft zu kurz greifen, bzw. nur begrenzt auf Verständnis stoßen. Aus dieser Erfahrung heraus entstand die Frage:

- Wie kann ein Modell aussehen, das sich an der Organisation als Ganzes orientiert?
- Wie kann ein Modell den Umgang mit Spannungsfeldern ermöglichen, bzw. Lebendigkeit und Routine verbinden?

Die steigende Komplexität der Strukturen und Anforderungen an die Menschen in der Arbeitswelt haben diese Frage für mich immer brennender werden lassen. Mir wurde immer klarer, dass die neuen technologischen Entwicklungen, die globale Vernetzung und der Klimawandel eine Auseinandersetzung mit der *Organisation als Ganzes und mit der Umwelt*, der Natur, in die sie eingebettet ist, erfordern. Die Moderation von Strategieworkshops zur Veränderung von Organisationsstrukturen ließen mich immer wieder neu erkennen, dass die meisten Modelle nicht umfassend genug sind. Bei der Erarbeitung von Strategien wurde deutlich, dass ein umfassender Rahmen fehlt, der die Vielfalt der Aspekte welche Effizienz und Effektivität beeinflussen, zusammenbringt. Das bewegte mich schon eine geraume Zeit, als ich eines Tages in dem Buch von Erwin Thoma [44], „Die geheime Sprache der Bäume" den Satz las:

„Der Baum ist eine Fabrik, die sich neben ihrer normalen Arbeit der Zellbildung, Fotosynthese und Sauerstoffproduktion, ständig selbst misst und neu erfindet. Sie prüft immerzu ihre Struktur und verbessert sie immerfort, an allen Bauteilen (…) Der Baum misst und rechnet sich jeden Tag, jeden Augenblick neu. Sobald er spürt, an einer Seite weht der Wind stärker, baut er hier Stützmaterial ein. Die Tragfähigkeit des Stammes entwickelt er jedes Jahr neu, genau der Veränderung seiner Krone angepasst."

Wow! Durchfuhr es mich, als ich diese Stelle las. Klingt fast wie Unternehmen 4.0: Der Baum – ein digital funktionierendes Unternehmen? Wie cool ist das denn?

Der Baum hat auf den ersten Blick nichts mit einem Unternehmen zu tun. Und doch beschreibt Erwin Thoma den Baum als Fabrik, die sich ständig neu errechnet, um sich an die Gegebenheiten anzupassen. Ist das nicht genau das, was wir heute brauchen, wenn wir Organisationen als lebendiges Gebilde betrachten und nachhaltig entwickeln wollen?

Das Bild des Baumes als Metapher für Organisation fühlte sich zu meinem Erstaunen richtig an und führte mich zu einem spannenden Gedanken-Experiment, an dem ich Sie, lieber Leser*in, gerne teilhaben lassen möchte. Tauchen Sie mit mir in die Welt eines mittelständischen Unternehmens ein, in ein Unternehmen, das sich entscheiden muss, wie es mit den digitalen Erneuerungen umgehen soll. Wird es auseinander-brechen – Alt von Neu trennen? Wird es Möglichkeiten finden, Brücken zu bauen und Alt und Neu zu verbinden?

Es ist nicht wichtig, ob Sie Organisationsentwickler, Mitarbeitende oder Führungskraft sind, wichtig ist Ihr Interesse an neuen Möglichkeiten Organisation lebendig zu gestalten. Es wird eine Reise zwischen zwei Welten:

- **der Welt des Baumes,** verwurzelt in der natürlichen Welt, in der Erde,
- **der Welt der Organisation** – eine Welt, parallel zu der natürlichen Welt –

Es stellt sich die Frage:

- Was macht den Vergleich möglich?
- Was haben die beiden gemeinsam?
- Was verbindet sie?

Diesen und weiteren Fragen werden wir nachgehen, einen Birnbaum und einen Apfelbaum betrachtend, stellvertretend für den Baum als natürliches Wesen allgemein, die als Sinnbild für Organisation betrachtet werden. Es geht darum zu verstehen, wie der Baum sich organisiert, um Früchte zu produzieren, gleichzeitig die Luft zu reinigen, sie feucht zu halten und zu kühlen, den Boden zu nähren und vor Erosion zu schützen. Diese umfangreiche Dienstleistung erbringt der Baum seit tausenden von Jahren stetig und nachhaltig. Wie schafft er das?

Um den Vergleich zu verdeutlichen, erzählen wir eine Geschichte, in der Sie Menschen aus einem mittelständischen Unternehmen begegnen, für die der Baum, in verschiedenen Problemlagen, eine Inspirationsquelle ist. Das Unternehmen befindet sich, wie viele Unternehmen heute, in einem Transformationsprozess, ausgelöst durch die technologische Entwicklung. Immer wieder stellen sich Entscheider und Führungskräfte Fragen zu den aufkommenden Veränderungen im Unternehmen. Und gleichzeitig dient ihnen der Baum als Modell, wenn sie sich fragen:

• Was sind grundlegende Dynamiken, die den Prozess im Baum in Gang halten?
• Was sind treibende Kräfte?
• Wie organisiert sich der Baum?
• Was kann ich daraus ableiten?

Das Beispiel beruht auf einem real existierenden Unternehmen. Die Information wurde aus datenschutzrechtlichen Gründen anonymisiert und verändert, sodass keine Nachvollziehbarkeit möglich ist. Die sehr spezifischen Probleme wurden ausgeblendet, sodass die Situationen allgemein für Organisation in der heutigen Zeit übertragbar sind. Themen und Ziele des Buches sind weiter unten zusammengefasst:

Themen

1. Der Baum: eine Metapher für eine neue Sichtweise auf Organisation
2. Organisation: ein lebendiges Netzwerk mit einer Vielfalt an Dynamiken im Spannungsfeld zwischen Menschen, Struktur und Prozessen
3. Vernetzung als Grundmuster im Baum – vom vernetzten Denken hin zu Denken in Vernetzungen (Denkmuster/Mindset)
4. Prinzip der Vielfalt und die Natur der Dinge – der Umgang mit dynamischen Netzwerken und Verhaltensweisen
5. Transformation: das Ergebnis eines Wandels ausgelöst durch eine Veränderung

Was Sie von diesem Experiment mitnehmen können, ist

1. Einen anderen Rahmen für alles, was Sie schon an Organisationswissen haben
2. Ein dynamisches Verständnis für die Begleitung von Transformations-prozessen
3. Ein Verständnis von Fließgleichgewicht als Grunddynamik von Organi-sationsprozessen
4. Ein Verständnis für zusätzliche Kompetenzen: Ausgleichskompetenz, Einschätzungskompetenz, Resilienz, Ressourcenorientierung, Wolke des Nichtwissens
5. Ein neues Rollenverständnis für Führung und Mitarbeit
6. Fragen, die neue (emergente) Lösungen ermöglichen

„… denn ob ein Mensch weise ist, erkennt man an seinen Fragen."
(Nagib Mafuhz Nobelpreisträger [20])

Ursula Schullerus

Danksagung

Dieses Buch entstand dank der Unterstützung vieler Menschen, die Zeit und Energie aufwendeten, mich zu beraten, Texte zu lesen und Anregungen zu geben. Ihnen allen möchte ich hier meinen Dank aussprechen: Professor Dr. Gunda Rosenauer, die mich in den Anfängen unterstützte, Elisabeth Meyer Koch, die trotz strengem Terminkalender, immer wieder Zeit fand, Texte zu lesen und Anregungen zu geben. Ich danke meiner Schwester Maria Maurer für ihre Geduld und für all die Zeit, die sie für die Korrekturen aufwendete, meinen Freunden Heidrun und Klaus, Elke und Thomas und Roberto, meiner Freundin Grit, Barbara, Andrea und Kristina für ihre kritischen Rückmeldungen, die mich immer wieder zum Nachdenken anregten und neue Sichtweisen aufzeigten.

Und ich danke allen Autoren, in deren Büchern ich Inspiration fand, die es mir ermöglichten weiterzuschreiben, wenn der Schreibfluss zu verebben drohte…

Und zu guter Letzt, ein herzliches Dankeschön an Elisabeth Ernst und Ruth Jentner, welche dem Manuskript den letzten Schliff gaben.

Mein besonderer Dank gilt auch der Künstlerin Ljubena Glaser, die den Baum zeichnete.

Rottweil
Mai 2024

.

Inhaltsverzeichnis

Vorwort: Die Geschichte vor der Geschichte   V

Danksagung   XI

1 Einleitung   1
1.1 Die digitale Entwicklung erfordert ein strukturelles
     Umdenken   4
1.2 Wie kann Organisation neu gedacht werden?   8
1.3 Bäume, Wald und Organisationskultur   12
1.4 Lebende Systeme funktionieren aufgrund von
     Beziehungen, von Reziprozität   13
1.5 Vom Denken in Abgrenzungen hin zu einem
     Denken in Verbindungen   15
1.6 Wie kann der Baum helfen, Organisation neu zu
     denken?   18
     1.6.1 Der Baum als Organisationssystem   18
     1.6.2 Was bedeutet das für die Organisation?   20
Anmerkungen   26

2   Wurzeln – Sinnbild für Verankerung, Vernetzung,
Kommunikation und Triebkraft   27
2.1   Wurzeln verankern   28
    2.1.1   Wurzelwerk Organisationskultur   30
2.2   Kommunikation und Vernetzung fördern nachhaltige
    Zusammenarbeit   36
2.3   Die Triebkraft der Wurzeln – ein Auf-Bruch – ein
    zündender Gedanke führt zu Veränderung   40
2.4   Wachstum beginnt im Verborgenen und braucht Raum   44
Anmerkungen   49

3   Der Stamm – Sinnbild für Stabilität und Vereinbarung
von Gegensätzen   51
3.1   Unterschiedlichkeit kann trennend oder ergänzend
    wirken   54
3.2   Vernetzung und Fließgleichgewicht   61
3.3   Welche Art der Vernetzung ist sinnvoll?   70
3.4   Rhythmus und Fließgleichgewicht   71
    3.4.1   Arbeitsrhythmus ist nicht immer eigener
        Rhythmus   72
    3.4.2   Was bedeutet das für die Führungskraft?   73
3.5   Organisation als vernetzte Rhythmen verstehen   78
3.6   Neue Rhythmen erfordern neue
    Kommunikationsstrukturen   84
Anmerkungen   86

4   Die Krone – Sinnbild für Wandel und Transformation   87
4.1   Wenn aus dem Samen ein großer Baum oder aus einer
    Rechenmaschine ein Computer mit Cloud wird   89
4.2   Phasen der Transformation   95
    4.2.1   Veränderung   95
    4.2.2   Wandel   96
    4.2.3   Transformation   98
4.3   Aufgabe der Organisationsentwicklung im
    Transformationsprozess   103
Anmerkungen   108

5   Der Baum – Sinnbild für Ganzheit der Organisation   109
   5.1   Vernetzung und Verbundenheit   110
   5.2   Neue Dynamik durch Verbundenheit   116
   5.3   Denkmuster im Umgang mit Transformation   120
   5.4   Bedeutung für den Transformationsprozess?   127

Literaturverzeichnis   133

Über die Autorin

Ursula Schullerus, lebt in Rottweil am Neckar.

Als freiberufliche Beraterin für Personal- und Organisationsentwicklung ist sie seit vielen Jahren unterwegs für global agierende Unternehmen unterschiedlicher Größe, sowie in öffentlichen Institutionen und UN-Organisationen.

Der Schwerpunkt ihrer Tätigkeit ist die Entwicklung und Umsetzung von Programmen zur Entwicklung von Führungskompetenz und Unternehmenskultur in Veränderungsprozessen.

Nach ihrer Ausbildung bei der WBB-Tübingen begann sie ihre Trainer- und Beratertätigkeit, anfangs freiberuflich und später bei der WBB-Tübingen, bei PDI (Personnel Decisions International) Deutschland, und bei SHL-Zürich. Nach verschiedenen Ausbildungen wurde sie durch den EMCC (European Mentoring and Coaching Council als Coach Senior Practitioner zertifiziert.

Weitere Informationen finden Sie auf www.schullerus-kompetenzentwicklung.de

1

Einleitung

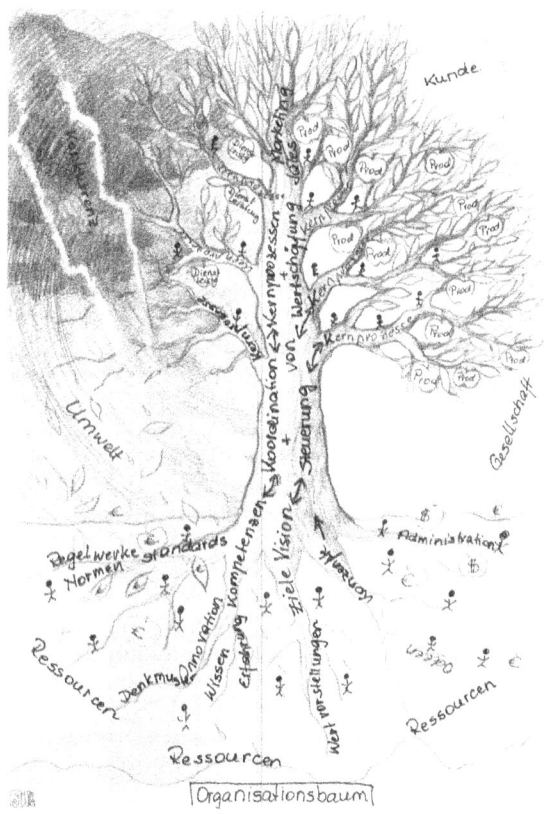

Organisationsbaum. (Quelle: Zeichnung Ljubena Glaser © mit freundlicher Genehmigung)

© Der/die Autor(en), exklusiv lizenziert an Springer Fachmedien Wiesbaden GmbH, ein Teil von Springer Nature 2025
U. Schullerus, *Organisationsentwicklung im Spiegel der Natur*,
https://doi.org/10.1007/978-3-658-45064-9_1

Zusammenfassung Zur Orientierung starten wir mit der Geschichte der Lemberg Messgeräte GmbH. Danach wird das Modell des Baumes als Metapher für Organisation vorgestellt. Der Baum als Metapher öffnet den Raum zu einem neuen Denkansatz. Allgemeine Überlegungen zum Thema Denkmuster und Vorstellungen von Organisation im Kontext der technologischen und klimatischen Veränderungen. Damit wird der Rahmen der weiteren Ausführungen skizziert.

Die Geschichte des Unternehmens Lemberg Messgeräte GmbH

Das Unternehmen Lemberg Messgeräte GmbH stellt seit den 50er Jahren Messgeräte für die Wartung von Industriemaschinen her. Das Unternehmen hat 1527 Mitarbeitende. Zu seinen Kunden zählen Hersteller von Industriemaschinen. Das Unternehmen entwickelte sich aus einer kleinen Werkstatt für Waagen, in der die Brüder Lemberg, beide Ingenieure, die ersten Geräte herstellten. Interessiert an technischen Neuerungen, meldeten die Brüder eine Reihe innovativer Lösungen als Patente an, was den Ruf der Firma stärkte. Die Geräte waren im Markt sehr erfolgreich und bescherten dem Unternehmen ein stetiges Wachstum.

Bald erforderte die wachsende Zahl der Aufträge neue Einstellungen von Fachkräften. Neue Mitarbeiter erforderten neue Strukturen und nach kurzer Zeit war eine Veränderung der Produktionsprozesse notwendig.

Anfang der 60er Jahre wurde Fließbandproduktion eingeführt. Damit veränderte sich die Struktur der Organisation des Unternehmens. Es entstanden neue Bereiche: Vorbereitung, Produktion, Lager und Logistik. Die Verwaltung wurde aufgegliedert in Einkauf und Buchhaltung, Personal und Vertrieb. Mitarbeitende, die besonders erfolgreich gewesen waren, wurden zu Führungskräften.

Als zu Beginn der 70er Jahre die Elektronik einen Aufschwung erfuhr, entstanden auch in der Lemberg GmbH neue Geräte. Erste elektronische Teile wurden in den Messgeräten verbaut. Auch diese neue Generation der Geräte hatte im Markt einen guten Ruf, und der Name „Lemberg Messgeräte" wurde zu einer Marke bester Klasse. Für Auszubildende, Mitarbeitende und Kunden wurde ein Schulungszentrum aufgebaut, in dem auch die neue Technologie gelernt werden konnte.

Wegen der sich rasch entwickelnden Technik und der wachsenden Zahl der Produkte wurde zu Beginn der 90er Jahre eine Entwicklungsabteilung gegründet. Ihre Aufgabe war es, bestehende Produkte zu verbessern und neue Produkte zu entwickeln. Einmal im Jahr gab es in diesem Bereich einen Tag der offenen Tür. Dann stellte die Abteilung ihre Neuerungen der Belegschaft vor: Verbesserungen von Produkten, neue Konstruktionen mit digitalen Anzeigen, Geräte, die Dank digitaler Technik mehrere

Messprozesse in einem Gerät vereinen konnten. Zudem wurden auch weitere innovative Funktionen der Geräte vorgestellt. Für die Mitarbeitenden des Unternehmens war das Neue zwar interessant, jedoch wurde die Abteilung belächelt und als „Spielwiese" bezeichnet, denn die neuen Entwicklungen fanden weniger Abnehmer als die gut etablierten, bekannten Geräte.

Die beiden Geschäftsführer suchten nach Gründen, und begannen, die Abteilung zu beobachten. Sie informierten sich beim Vertrieb über die Verkaufszahlen der Neugeräte und stellten fest, dass der Umsatz nur gering war. Das änderte sich, als Jonas, ein junger Ingenieur, im Vertrieb eingestellt wurde. In kurzer Zeit stiegen die Verkaufszahlen der neuen Geräte. Jonas baute den Kundenstamm aus und die Nachfrage für Geräte mit digitalen Komponenten stieg rasch an, während der Umsatz der konventionellen Geräte zurückging. Wie konnte das sein?

Eine Umfrage ergab, dass der Vertrieb die neuen Geräte mit digitalen Komponenten bislang nicht oder nur wenig angeboten hatte. Die Kunden seien nicht interessiert, würden sie nicht verstehen. Verstanden die Verkäufer sie? Es wurden zusätzliche Produktschulungen gemacht und wieder stieg der Umsatz der neueren Geräte.

Dann kam der große Durchbruch: Zum ersten Mal verkaufte die Entwicklungsabteilung auf einer Messe einem Hersteller von Industriemaschinen ein Programm, das in die Maschine eingebaut, die Messfunktion des bisherigen externen Messgerätes übernehmen konnte. Das Programm war zusammen mit dem Kunden entwickelt worden und das Ergebnis ein voller Erfolg. Mit einem Mal wurde die Entwicklungsabteilung zur Produktion von Mess-Programmen, welche die bisherigen Messgeräte ersetzen konnten. Die Aufträge stapelten sich auf den Tischen und die Telefonleitungen liefen heiß. Die ehemalige „Spielwiese" wurde in kurzer Zeit zum Leistungsträger im Unternehmen.

Das brachte neue Herausforderungen mit sich: Neue Zulieferer mussten gesucht werden, es brauchte zusätzliche Mitarbeitende, das neue Arbeitsvolumen drohte die Struktur und Organisation des Unternehmens zu sprengen. Zudem entstanden Reibereien und Konflikte zwischen der Entwicklungsabteilung und der Produktion der konventionellen Messgeräte. Die Konflikte wirkten sich auf das ganze Unternehmen aus. Der Vertrieb fühlte sich von den Entwicklern hintergangen, die Produktion sah sich von der Entwicklungsabteilung verraten, da sie nicht mit einbezogen worden war. Und die Entwicklungsabteilung kämpfte mit einem Stau im Auftragseingang.

Die Geschäftsführung war etwas ratlos. Der Umsatz bei den alten Geräten ging sichtlich zurück. Die neuen Lösungen wirkten sich auf das Betriebsergebnis noch nicht merklich aus. Wenn der Erfolg sich einstellte, konnte das wirklich ein großer Durchbruch werden. Aber was passierte dann mit den konventionellen Geräten?

Die Belegschaft, die viele Jahre das Unternehmen getragen hatte, drohte abzuwandern. Die Geschäftsführer fragten sich: Sollten sie einen neuen Bereich, ein neues Unternehmen gründen? Was passierte dann mit dem Alten? Sollten sie das Unternehmen in zwei Bereiche teilen? Wie könnte das aussehen?

Eines war ihnen klar: es brauchte ein neues Modell, ein Organisationsmodell, das die Organisation neu aufstellte – aber wie?

1.1 Die digitale Entwicklung erfordert ein strukturelles Umdenken

Die Geschichte der Lemberg Messgeräte GmbH stellt eine Situation dar, in der sich viele Organisationen, bezogen auf die Einführung digitaler Prozesse, befinden: Die Organisation hat sich im Laufe der Jahre entwickelt. Veränderungen wurden vom Management eingeführt und umgesetzt, bis eines Tages etwas Neues, in diesem Fall die Einführung digitaler Prozesse, vieles von den bisherigen Strukturen und Gewohnheiten infrage stellt. Organisationsentwicklung ist gefragt und in ganz neuer Weise gefordert.

Die klassische Organisationsentwicklung geht von einer Organisationsstruktur aus, in der Handlungsabläufe von einigen wenigen Verantwortlichen entschieden werden. Zudem geht sie von klaren festen Strukturen aus, in denen die Abläufe nach dem Willen der Entscheider funktionieren, ausgerichtet auf unternehmerische und wirtschaftliche Ziele Abb. 1.1.

An dieser Stelle sei bemerkt, dass Organisation als Begriff sowohl Unternehmen als auch öffentliche Institution einschließt. Allgemein wird Organisation, egal ob Unternehmen oder Institution, verstanden als ein großer Mechanismus, der durch Menschen und Technologie in Gang gehalten wird.

Organisation wird allgemein als ein geschlossenes System verstanden, das Rohstoffe verarbeitet, Produkte auf den Markt bringt und/oder Aufgaben der öffentlichen Verwaltung ausführt, welche das gesellschaftliche Zusammenleben regeln.

Die technische Entwicklung der digitalen Systeme und die globale Vernetzung bringen diese Sichtweise von Organisation als geschlossenes, kontrollierbares System, ins Wanken. Die Entwicklung der Märkte,

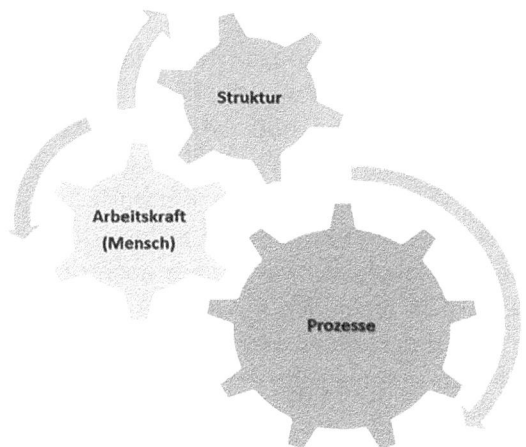

Abb. 1.1 Mechanistisches Bild der Organisation. (Quelle: eigene Darstellung)

die internationale Zusammenarbeit, die logistischen Herausforderungen durch die Vernetzung, politische Entwicklungen, die Veränderung der klimatischen Bedingungen und die Digitalisierung, bewirken, dass das System Organisation einer bisher nicht beachteten Vielfalt an Einflussfaktoren ausgesetzt ist. Diese Vielfalt an Einflüssen setzt einen Veränderungsprozess auf allen Ebenen in Gang.

Bezogen auf das Beispiel der Lemberg Messgeräte GmbH, ist es die Vernetzung mit dem Kunden, durch welche die gewohnten Strukturen sich veränderten. Aktuell sieht es so aus, als werde der bisher erfolgreiche Bereich der Lemberg Messgeräte GmbH in Zukunft weniger Produkte verkaufen. Gleichzeitig wird der neu sich entwickelnde Zweig der digitalen Produkte gemeinsam mit dem Kunden Programme und Komponenten entwickeln, die der Kunde in größere Apparate einbaut. Für diejenigen Mitarbeiter der Lemberg Messgeräte GmbH, die immer noch Messgeräte entwickeln und herstellen, sind diese digitalen Produkte im Augenblick nicht wirklich greifbar. Mit dem Kunden etwas gemeinsam zu entwickeln ist ihnen fremd. Sie fragen sich: Gibt man da Wissen her, das nur einem selbst gehört? Fühlen sie sich durch die Mitsprache des Kunden infrage gestellt?

Die Geschwindigkeit, mit der die Digitalisierung unsere Welt verändert, die Flut ständiger Innovationen, stellt Menschen in Organisationen vor ungeahnte Herausforderungen. Die ständigen Veränderungen verunsichern Arbeitgeber*innen und Arbeitnehmer*innen gleichermaßen. Diese Veränderungen werden belächelt, gehasst – und durchgeführt. Sie schaffen Verwirrung und den Eindruck, dass überall Chaos entsteht. Nur eines ist sicher: keiner weiß mehr so richtig, was gut oder schlecht, richtig oder falsch ist. Was gestern noch richtig oder passend war, stimmt heute nicht mehr. Wir müssen uns ständig neu orientieren. Es scheint, als ob mit den neuen Herausforderungen das Orientierung gebende Wertesystem verloren geht.

Umdenken erfordert neue Bilder und neue Vernetzungen
Das Bild der Organisation als ein strukturierter, hierarchisch gesteuerter Mechanismus, stimmt schon seit längerer Zeit nicht mehr. Linienorganisation wird von Matrix- und Projektorganisationschon lange überlagert. Die Zuständigkeiten und Befugnisse überschneiden sich, Entscheidungsbefugnisse werden aufgeteilt. Das ist nicht neu, denn seit Jahrzehnten sprechen wir vom Wandel, von Changemanagement und Business-Reengineering. In allen Institutionen und Unternehmen wird umstrukturiert Abb. 1.2.

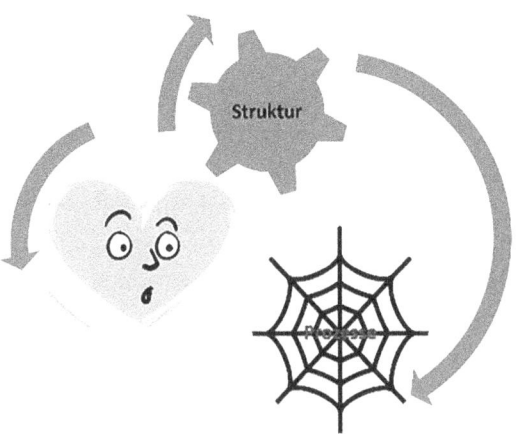

Abb. 1.2 Spannungsfelder in der Organisation. (Quelle: eigene Darstellung)

Menschen müssen mehr Verantwortung übernehmen. Daraus entstehen zahlreiche Spannungsfelder. Die aktuellen Methoden und Instrumente des Selbst-, Prozess- und Projektmanagements, sowie die Vielfalt der aktuellen Führungskonzepte greifen meistens zu kurz, um mit den Spannungen konstruktiv umzugehen. Sie sind für überschaubare Problemstellungen und für eingegrenzte Situationen gedacht. Sie sind Teil einer definitorischen Denkweise, welche Flexibilität nur in eingeschränktem Maße erlaubt und von einer umfassenden Kontrollierbarkeit von Systemen ausgeht.

Die Einflüsse des Klimawandels und die fortschreitende Digitalisierung zeigen jedoch, dass Systeme, damit auch Organisationen, nur teilweise kontrollierbar sind. Wir erleben, wie Veränderungen in der Natur massive Veränderungen in unserem wirtschaftlichen Denken erfordern: Man denke an die Begrenztheit der natürlichen Ressourcen, wie z. B. fossile Brennstoffe oder die klimatische Erwärmung.

Die digitalen Systeme erfordern ebenso eine Umstellung: sie erfordern eine andere Denkweise bezogen auf die Gestaltung der Arbeitsprozesse, neue Arbeitsformen, neue Kompetenzen, ein anderes Arbeitsverhalten. Gleichzeitig zeigen die Algorithmen, dass sie zwar programmierbar sind, jedoch nicht vollständig kontrollierbar. In einem Arbeitspapier von Algorithmwatch [53] kann man lesen:

„Im Wesentlichen kann alles richtig gemacht worden sein: der Algorithmus löst alle Fälle des mathematischen Problems, die Implementierung ist korrekt, die Modellierung der zu lösenden Frage ist bestmöglich, die Daten sind passend, aber in Zusammenwirkung mit dem Menschen, produziert der Algorithmus ungewünschte Ergebnisse."

Diese Unkontrollierbarkeit der Algorithmen stellt uns vor Probleme, die durch das Agieren der Algorithmen entstehen und deshalb nicht vorhersehbar sind. Die Wissenschaft nennt es ein emergentes [52] Problem, ein Problem, welches durch das Zusammenspiel von Algorithmus und Mensch entsteht, nicht vorhersehbar, und daher auch nicht kontrollierbar ist. Im weiteren Verlauf werden diese emergenten Probleme als „Woke des Nicht-wissens" bezeichnet. Ausgehend von den vielen emergenten Unbekannten, mit denen Organisation sich dank Klimawandel und Digitalisierung auseinandersetzen muss, stellt sich die Frage: Wie passt diese Unvorhersehbarkeit von Problemen zu dem Konzept einer Organisation, die als steuerbarer und kontrollierbarer Mechanismus verstanden wird? Es scheint, als sei der Zeitpunkt gekommen, Organisation von Grund auf neu zu denken.

1.2 Wie kann Organisation neu gedacht werden?

Beginnen wir mit ein paar Fragen:

* Wie können wir heute mit den Denkmustern von gestern Handlungsweisen für das Morgen entwickeln?
* Was brauchen wir, um unsere Denkmuster zu erweitern, neue Reaktionsmuster zu entwickeln?
* Welche Bilder ermöglichen das Erfassen der Komplexität von Organisation?
* Wie kann so eine neue Form aussehen?
* Wollen wir uns an die Systeme anpassen, sie bedienen, oder wollen wir lernen, sie zu steuern und sie in unser Leben zu integrieren?

Klassische- und neue Denkmuster
Um die Fragen weiter oben zu beantworten, brauchen wir ein vertieftes Verständnis für unterschiedliche Denkmuster. Dabei unterscheiden wir allgemein zwischen klassischen und neuen Denkmusterm, die an gegebener Stelle weiter differenziert werden. An diesem Punkt beschränken wir uns auf die Einteilung klassische und neue Denkmuster.

1. Das klassische Denkmuster für Organisation bzw. Organisationsentwicklung
Das klassische Denkmuster für Organisation geht von Arbeitseinheiten bzw. Mitarbeitenden aus, die zusammengefügt funktionieren und kontrollierbar sind. Flexibilität besteht darin, dass die Einheiten, oder einzelne Mitarbeitende, immer wieder neu zusammengefügt werden können, je nach Bedarf.

In diesem Denkmuster wird Organisation eine der Gesellschaft und dem Umfeld übergeordnete Rolle zugeschrieben, durch welche sie die Gesellschaft, den Markt, die Menschen bestimmt. Markt, Menschen, Gesellschaft, Natur sind für ihre Belange da und werden ihren Zielen untergeordnet. Organisation versteht sich als Zentrum, dem sich alle anderen Faktoren unterordnen: Die Umwelt wird nach Bedarf umgestaltet, die Ressourcen der Natur sind selbstverständlich vorhanden, die Menschen sind Arbeitskraft, die Gesellschaft wird zum Geldgeber, entweder als Käufer der Produkte oder durch Bereitstellung von Subventionen, bzw. Financier bei den öffentlichen Institutionen. Organisation sieht sich nicht als Teil eines großen Ganzen, sondern als abgekoppelte Einheit, die mit dem Umfeld „draußen" in Verbindung tritt und diese nach eigenen Vorstellungen verändert. In der klassischen Organisation sind die Prozesse linear und durch ein paar ausgewählte Verantwortungsträger gesteuert.

Mittlerweile haben Projekt und Matrixorganisation diese straffe Linienorganisation überlagert und dadurch die Strukturen und klassischen Denkmuster etwas aufgeweicht. Angesichts der klimatischen Veränderungen wächst das Verständnis für den Erhalt der Umwelt. Zudem haben die aktuellen Herausforderungen durch die verschiedenen Krisen ein Umdenken angestoßen. Es wird immer mehr von partnerschaftlicher Zusammenarbeit gesprochen. Dazu leistet das agile Organisationskonzept mit dem „agilen Mindset" einen wesentlichen Beitrag.

Wir befinden uns in einer Zeit des Übergangs in dem Altes und Neues parallel vorhanden ist. Es ist unsere Entscheidung wie wir, die aktuelle Gesellschaft, den Weg weiter gehen. Es gibt viel Wissen und es gibt viele Instrumente und Methoden, die sehr hilfreich sind. Noch werden sie punktuell in Situationen angewendet. Was geschieht, wenn Methoden und Instrumente so eingesetzt werden, sodass sie der Organisation als Ganzes dienen? Um die Frage zu konkretisieren: Was geschieht, wenn eine Teamentwicklung nicht nur der Qualität der Zusammenarbeit dient, sondern auch der Verbesserung der Arbeitsabläufe? Welche Erkenntnisse lassen sich daraus für die konkrete Situation ableiten? Welche Auswirkungen hat das auf die Organisation (Teameinheit, Abteilung, Gesamtorganisation)?

Neue Bilder für das Konstrukt Organisation

Die neuen technologischen Entwicklungen, die globale Vernetzung und der Klimawandel, erfordern eine Auseinandersetzung der Organisation als *Ganzes* mit dem Umfeld, der Umwelt, der Natur, in die sie eingebettet ist. Organisation kann nicht mehr als isoliert und als geschlossenes kontrollierbares System betrachtet werden. Durch die globale und technische Vernetzung kann Organisation sich dem Außen nicht mehr entziehen. Der Klimawandel lehrt uns, dass wir die Vorstellungen und Visionen auf die natürlichen Gesetze der Umwelt abstimmen sollten.

Die natürliche Umwelt fordert unsere Aufmerksamkeit und eine Anpassung an ihre natürlichen Gegebenheiten. Waren wir bisher gewohnt, Vorstellungen zu entwickeln und dann umzusetzen, fordert die Umwelt, dass wir ihre Gesetzmäßigkeiten wieder begreifen. Es wird notwendig, mit ihr in Verbindung, neue Möglichkeiten der Co-Existenz zu entwickeln. Das ist ungewohnt und verlangt ein neues Denkmuster.

Das aktuelle Denkmuster unserer Gesellschaft, das sich im Zentrum sieht und in welchem davon ausgegangen wird, dass das Umfeld sich unterordnet, ist gefordert, den Blick zu öffnen, für die Zusammenarbeit mit anderen, für Umfeld und Umwelt. Partnerschaftliche Zusammenarbeit ist kein neuer Gedanke, scheint allerdings in den letzten Jahrzehnten mehr in den Hintergrund getreten zu sein. Wir haben vergessen, dass wir alle Teile eines großen Ganzen sind, dass wir nur *zusammen* die Lebensbedingungen in unserem Umfeld, in der Organisation, so gestalten können, dass alle zufrieden sind.

Ein neues Denkmuster zu entwickeln, braucht Zeit für eine Auseinandersetzung mit den neuen Gegebenheiten. Diese Auseinandersetzung erfordert Bilder, die umfassend sind, Bilder, die das Lebendige und die geschaffene Parallelwelt der Organisationen, wieder zusammenbringen. Diese Bilder finden wir am ehesten in der Umwelt, in der Natur. Daniel Christian Wahl spricht von der Notwendigkeit von Ökokompetenz – d. h. von lebenden Systemen zu lernen [48].

2. Neue Denkmuster: Lebende Systeme als Vorbild für Organisation

Der Gedanke von lebenden Systemen zu lernen ist nicht neu. Die Bionik ist eine Forschungsdisziplin, die sich quer durch alle Industriezweige derzeit wachsender Beliebtheit erfreut. Wissenschaftler der Bionik untersuchen natürliche Phänomene, Bewegungen von Tieren, Beschaffenheiten von Pflanzen, von Organismen aus der Natur allgemein, um diese auf die Technik zu übertragen.

In der Autoindustrie [54] z. B.: „... *suchen die Konstrukteure neuer Autos nach Ideen von Mutter Natur. So hat Opel in Rüsselsheim das Wachstum von Bäumen und Knochen studiert und daraus eine elektronische Simulation für tragende Teile entwickelt, die man jetzt am Computer nach den Regeln aus der Biologie entstehen lässt.*"

In der Produktentwicklung wird versucht, von der Natur zu lernen, ihre Gesetzmäßigkeiten und Nachhaltigkeit nachzuahmen. Könnte das auch eine Möglichkeit für die Organisation von Prozessen sein?

In den achtziger Jahren des vorigen Jahrhunderts entstanden erste Denkansätze und Modelle welche **Prozesse der Selbstorganisation** aus der **Natur** auf die Gestaltung von Organisation übertragen [14]. Vernetztes Denken, kybernetische und bionische Mechanismen werden für die Gestaltung von **Abläufen in der Organisation** herangezogen [47].

Daran schließt sich die Frage an: Wenn wir **Prozesse** aus der Natur als Beispiel für Organisationsprozesse nehmen, wie wäre es möglich auch die **Struktur** der Organisation an lebenden Systemen auszurichten?

Lebende Systeme nach Parent [66] sind per Definition offene selbstorganisierende Systeme, die die besonderen Eigenschaften des Lebens haben und mit ihrer Umwelt interagieren. Dies geschieht durch Informations- und Materialenergieaustausch. Lebende Systeme können so einfach sein wie eine einzelne Zelle oder so komplex wie eine supranationale Organisation wie die Europäische Union.

Ausgehend von dieser Definition wird im weiteren Verlauf Organisation auch als lebendes System betrachtet. Organisation als lebendes System zu betrachten bedeutet, dass sie als Teil eines großen Ganzen gesehen wird. Neu ist, dass aus dieser Perspektive Organisation in einem Beziehungsgeschehen eingebettet gesehen wird, und nichtmehr als Faktoren übergeordnet betrachtet wird. Alles, was in einer Organisation geschieht, ist in Beziehung mit verschiedenen Einflussfaktoren zu sehen, so wie es in der Natur beobachtet werden kann.

Um es etwas konkreter werden zu lassen, werden als Bilder für lebende Systeme der Wald für die Organisationswelt, der Baum für Organisation, gewählt. Der Wald, bzw. der Baum dienen damit als ein rahmengebendes Modell innerhalb dessen Organisation neu gedacht werden kann.

Fazit

1. Die technologischen Entwicklungen und der Klimawandel erfordern eine Veränderung unserer Denkmuster auf allen Ebenen.
2. Denkmuster zu verändern, braucht Zeit und neue, anschauliche Bilder.
3. Der Baum als Bild für ein lebendes System bietet in seiner Ganzheit einen Rahmen, an dem die Organisationsstruktur neu ausgerichtet werden kann.

1.3   Bäume, Wald und Organisationskultur

Werfen wir einen Blick in den Wald. Was wir sehen, sind die einzelnen Bäume und ihre Vernetzung untereinander. Wir nehmen das sich ständig verändernde Zusammenspiel zwischen Wind, Wetter, Bäumen, Licht, Wasser und Boden wahr und es zeigt sich eine faszinierende Organisation. Der Wald mit seiner lebendigen Struktur funktioniert nach eigenen Gesetzen und schafft nachhaltigen Wert für sich, seine Bewohner*innen und auch uns Menschen!

Wie auch eine Organisation, ist der Wald ein komplexes System, mit vielen Ebenen, Dimensionen, die alle ineinandergreifen und in einem Gleichgewicht funktionieren, ein Gleichgewicht, das sich immer wieder neu herstellt. Man nennt es Fließgleichgewicht [1]. Der Wald produziert und gibt Lebensraum für viele Lebewesen. Der Wald, die Bäume sichern Kühlung, saubere Luft, tragen zur Wolkenbildung und damit auch zum Regen bei. Kurz: sie sichern Leben auf dem Planeten. Diese globale Aufgabe ist vergleichbar mit Aufgaben großer Organisationen:

Versicherungen, Krankenhäuser, Unternehmen, die eine wichtige und tragende Funktion im gesellschaftlichen Leben erfüllen.

1.4 Lebende Systeme funktionieren aufgrund von Beziehungen, von Reziprozität

Der Wald, jeder einzelne Baum, ist ein System, in dem jeder seine Aufgabe im Netzwerk erfüllt, zur *gegenseitigen Unterstützung.* Er ist ein System, in dem alles und jedes seinen Platz wahrnimmt und sich einfügt – hin und wieder kämpft und gleichzeitig auf das Zusammenspiel vertrauen kann, sich an seiner eigenen Verbundenheit mit dem Ganzen orientiert.

Ähnliches gilt auch für Organisationen. Sie sind Systeme, in denen jede*r Mitarbeiter*in einen Platz hat, eine Aufgabe wahrnimmt, allerdings mit dem Unterschied zum Wald, dass in der Organisation jede*r Verantwortung tragen sollte. Zudem wird in der Organisation das Zusammenspiel nicht von Naturgesetzen gesteuert, sondern von einer Führungsspitze und durch eine etablierte Kultur.

Suzanne Simard [42], Professorin für Forstwirtschaft an einer Universität in British Columbia formuliert in ihrem Buch „Die Weisheit der Wälder": „Ökosysteme haben so viel Ähnlichkeit mit menschlichen Gesellschaften. Sie gründen auf ein Fundament aus Beziehungen. Je stärker diese Beziehungen sind, umso belastbarer das System."

Sie zeichnet ein Bild der Bäume und des Waldes, welches diesen schon fast menschliche Eigenschaften verleiht, nämlich: die Fähigkeit mit anderen Wesen des Waldes und der Umwelt in Verbindung zu treten, zu kommunizieren und zusammenzuarbeiten. *Bäume sind mit der gesamten Natur in Beziehung,* in einer Wechselbeziehung von Geben und Nehmen, wodurch sie einen wichtigen Beitrag zur Erhaltung des Lebens auf der Erde leisten.

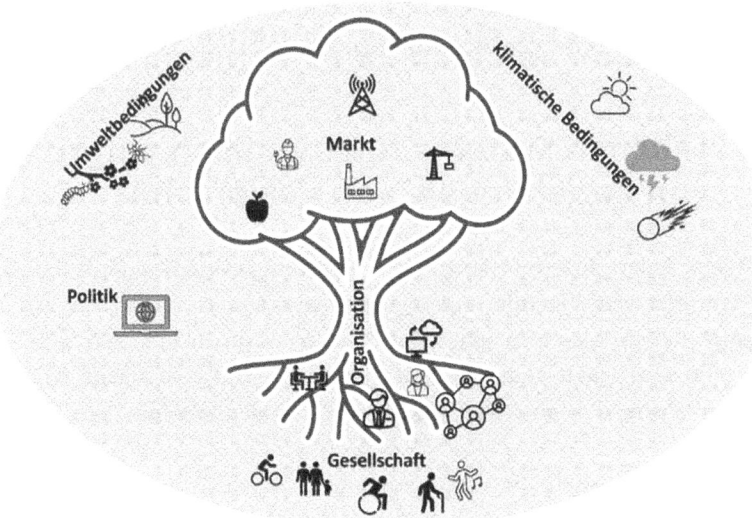

Abb. 1.3 Organisation und Vernetzung im Umfeld. (Quelle: eigene Darstellung 2020)

Während der Wald und jeder einzelne Baum durch ihre Netzwerke das Leben auf der Erde sichern, ist das gesellschaftliche Zusammenleben durch ein Netzwerk an Organisationen gesichert: Gesetzgebende Institutionen, Verwaltung des öffentlichen Dienstes, Gesundheit, Bildung, Verkehr, Handel und Privatwirtschaftliche Organisationen und Unternehmen Abb. 1.3.

Organisationen sind als Beziehungsgeflecht in der Gesellschaft und im Markt verankert
Im westlich geprägten Wirtschaftsdenken ist die Beziehung zwischen Organisationen sowie auch innerhalb der Organisation in großem Maß von Konkurrenzdenken geprägt, das einer klassischen Denkweise von Über- und Unterordnung entspricht. Das hat Auswirkungen auf die Zusammenarbeit und sollte in schwierigen Situationen immer wieder hinterfragt werden. Schauen wir auf die Lemberg Messgeräte GmbH. Bezogen auf die entstandenen Probleme kann man sich fragen:

- War es vielleicht dieses Konkurrenzdenken, das in der Lemberg Messtechnik GmbH den Unmut im Unternehmen auslöste?
- War es ein Konkurrenzdenken zwischen Abteilungen?
- War es ein Konkurrenzdenken bezogen auf den Kunden?
- Wieso arbeitete die Entwicklung mit dem Kunden zusammen an den neuen Produkten?

Mittlerweile sind im Markt Beziehungen der Reziprozität zwischen Organisationen/Unternehmen keine so große Ausnahme mehr. Man denke an die verschiedenen Kooperationen, wie z. B. die Zusammenarbeit von IT und Automotive. Ein weiteres Beispiel sind Start-Ups, die von verschiedenen Großunternehmen der gleichen Branche gegründet und finanziert werden, um Entwicklungen voranzutreiben. Sie stehen in einer Beziehung von komplementärer Abhängigkeit – man braucht einander. Daraus entsteht ein Verhältnis von Geben und Nehmen. Vom Bild des Waldes ausgehend, können die Start-Ups, mit neuen Bäumchen, die im Schutz der großen Bäume wachsen verglichen werden. Dieses neue Verhältnis von Organisation zum Umfeld schafft die Notwendigkeit, ein neues Denkmuster der Beziehungsgestaltung zu entwickeln.

1.5 Vom Denken in Abgrenzungen hin zu einem Denken in Verbindungen

Das klassische Denkmuster denkt in Ordnungskategorien von Über- und Unterordnung, die willkürlich vorgenommen werden, indem das Übergeordnete das Geschehen bestimmt. Das Übergeordnete grenzt sich vom Umfeld ab. Vernetzung wird an bestimmte Ziele und Interessen geknüpft. Daraus entstehen Konkurrenzdenken, Machtbestrebungen und hierarchische Strukturen. Sie lassen Verbindungen und Formen kooperativer Zusammenarbeit in den Hintergrund treten. Diese Strukturen und Denkmuster verstellen den Blick für die Entwicklung in Richtung Vernetzung, die gerade stattfindet.

Die aktuelle klimatische, ökonomische und politisch-soziale Situation zeigt uns jedoch, wie sehr wir verbunden sind, und dass diese Verbundenheit in Zukunft eine entscheidende Rolle spielt.

Unser bisheriges, klassisches Denken geht davon aus, dass die natürlichen Gegensätze, auf die das Leben aufbaut (gut-schlecht, richtig-falsch, kalt-warm, stark-schwach etc.), einen ständigen Entscheidungsprozess **für den einen** – bzw. eine Abgrenzung **gegen den anderen Pol** erfordern. Es bildet ein Muster von Entweder/Oder:

- Konkurrenz oder Zusammenarbeit,
- Hierarchie oder Augenhöhe,
- Gewinnen oder verlieren etc.

In diesem Muster ist Organisation ständig dabei, sich von den anderen, der Konkurrenz nach außen hin abzugrenzen. Auch innerhalb der Organisation gibt es eine Ordnung durch Abgrenzung: eine Rangordnung nach dem Kriterium der Wichtigkeit, nach Macht und Einfluss.

Diese Bilder sind trennend. Sie spalten die Ganzheit Organisation auf in Bereiche, Ebenen, abgegrenzte Verantwortlichkeiten. Sie erzeugen ein Denken in Gegensätzen, in Kategorien von Entweder/Oder, Ja/Nein – zu dem sich manchmal ein „Vielleicht" gesellt, wenn wir nicht sicher sind. Es ist ein Denken, das durch Abgrenzung Strukturen erkennt und schafft. Diese Strukturen geben Orientierung und ermöglichen, dass gehandelt werden kann.

Die neuen technologischen Entwicklungen und die globale Vernetzung, eröffnen eine zusätzliche Perspektive, die über das Entweder/Oder hinausführt, eine Richtung, welche die Verbindung der Pole, in ein ganzheitliches UND zusammenführt.

Konkurrenzdenken mit Zusammenarbeit zu verbinden, übergeordnete Strukturen und Begegnung auf Augenhöhe zu ermöglichen, erfordert einen kulturellen Wandel. Der führt zu einer Transformation auf der Ebene der Denkmuster und des menschlichen Grundverhaltens. Auf der Ebene des Verhaltens bedeutet es, einen Schritt weiterzugehen und die Dynamik der Wechselwirkung zwischen den Einheiten zu betrachten, um ihren Einfluss zu erkennen. Wenn wir nicht mehr fragen, welche Abteilung wichtiger ist, sondern wissen, dass das Unternehmen jede Abteilung braucht, kann sich schon vieles ändern.

In dem Kapitel *Stamm* werden wir auf die verschiedenen Denkmuster eingehen, um zu sehen, dass sie sich nicht gegenseitig ausschließen. Vielmehr werden wir aufzeigen, wie die verschiedenen Arten zu denken einander ergänzen, bzw. dass sie Stufen eines ganzheitlichen Denkens sind, eines Denkens in Verbindungen. Verbindung bedeutet, dass alles nebeneinander existieren kann, jedes zum richtigen Zeitpunkt, an der richtigen Stelle ist. Es bedeutet Gegensätze auszuhalten, sie in einem fairen Miteinander zu verbinden. Dann entsteht aus einer Kultur des Entweder/Oder eine **Kultur des UND.** Dafür brauchen wir neue Vorstellungen, neue Bilder, um aus Ab-**TEILUNGS-Organisation** eine **UND-Organisation** zu ermöglichen.

Fazit

1. Unser Organisationsdenken geht von klaren, linear aufgebauten Strukturen aus. Organisation wird als geschlossenes kontrollierbares System gedacht.
2. Organisation ist ein lebendes System, in dem die verschiedenen Elemente in Beziehung treten.
3. Organisation neu denken bedeutet, ausgehend von der Struktur, die **Dynamik des Zusammenspiels der strukturellen Elemente zu verstehen.**
4. Das erfordert eine **Erweiterung des Denkmusters:** Das lineare definitorische Denkmuster kann sich weiterentwickeln, zu einem Denken in Vernetzungen
5. Die Arbeit mit Netzwerken erfordert ein Denkmuster, das sowohl in Abgrenzungen als auch in Verbindungen denken kann.
6. Um mit dieser Komplexität umzugehen, bedarf es neuer Bilder, wie zum Beispiel das Bild des Baumes, welche das Zusammenspiel von Netzwerken abbilden

1.6 Wie kann der Baum helfen, Organisation neu zu denken?

1.6.1 Der Baum als Organisationssystem

Der Baum ermöglicht es uns, Organisation als lebendiges System zu denken. Wie alle lebenden Systeme organisiert sich der Baum durch:

- klare Aufgaben, Prozesse und Abläufe in Wurzeln, Stamm und Krone
- **Vernetzung** zwischen Wurzeln und Krone, sowie Vernetzung mit der Umwelt
- Ein dynamisches **Fließgleichgewicht** das durch den Stamm einen ständigen Austausch von Nährstoffen zwischen Wurzeln und Krone aufrechterhält
- **Kommunikation** zwischen Krone und Wurzeln über die Bedingungen und den Bedarf an Nährstoffen

Dafür hat der Baum eine klare Struktur, die sich in ihrer Form kaum ändert. Gleichzeitig stellt sich die Struktur aber in ihren Abläufen ständig auf neue Impulse ein. Wie der Baum diese Flexibilität der Reaktion aufrechterhält, ist für Organisationen interessant und wird Inhalt der verschiedenen Kapitel sein (Abb. 1.4).

Wurzeln sorgen für Kommunikation und Verbindung
Die Wurzeln verfügen über ein hochsensibles Kommunikationssystem für die Kommunikation mit Stamm, Krone und Umwelt. Sie können als Sinnbild für Kommunikation und Zusammenarbeit betrachtet werden. Weitere Funktionen wie Stabilisierung im Boden und regenerative bzw. Triebkraft sowie deren sinnbildliche Bedeutung für Organisation, werden im Kapitel Wurzeln vertieft. Kurz gesagt, aus Managementsicht übernehmen die Wurzeln unterstützende Funktionen im Gesamtgeschehen.

Der Stamm sichert Stabilität und Fließgleichgewicht
Der Stamm sichert das Fließgleichgewicht und steuert den Fluss der Energie entsprechend der Jahreszeit. Er regelt die Stabilität des Baumes,

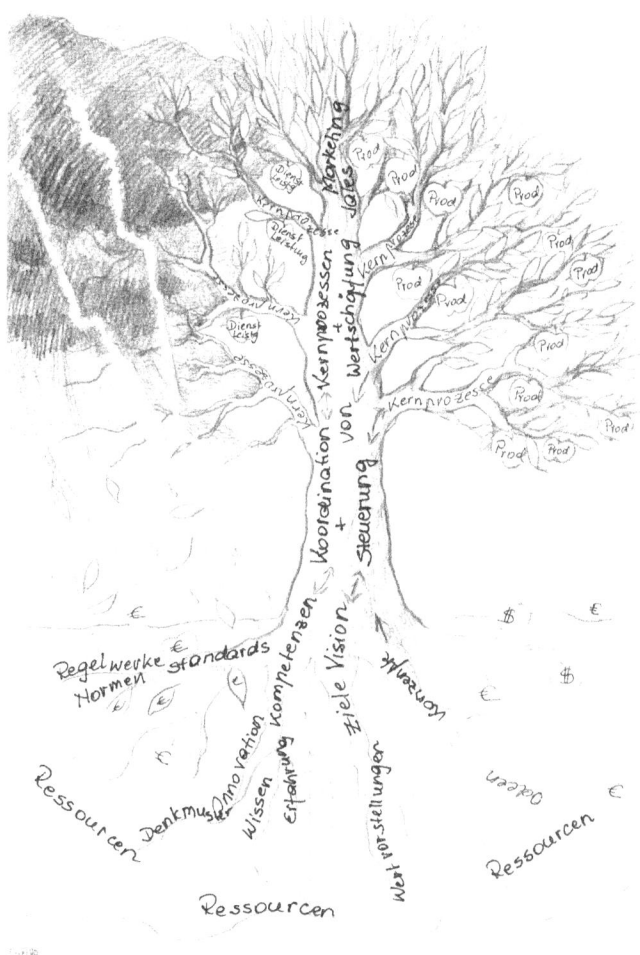

Abb. 1.4 Baum als Modell für Organisation – Zeichnung Ljubena Glaser. (© mit freundlicher Genehmigung)

indem er den Druck der Krone an die Wurzeln weitergibt, bzw. Mechanismen einsetzt, um dem Sturm standzuhalten. Zudem übernimmt er weitere Koordinationsfunktionen in der Kommunikation zwischen Wurzeln und Krone. Für Organisation kann er als ein Sinnbild für Stabilität gesehen werden. Aus Managementsicht übernimmt er Steuerungsfunktionen.

Die Krone durchläuft jährlich eine Transformation
Die Krone ist ein sich im Lauf des Jahres verändernder Teil des Baumes. Während Stamm und Wurzeln ihr Aussehen nicht wesentlich verändern, ist das Bild der Krone einem klaren Wandel unterworfen. Es ist der Ort, an dem die Ergebnisse der Prozesse im Baum sichtbar werden, die Blätter und Blüten im Frühling, die Fruchtbildung in Sommer und Herbst und die Buntheit der Blätter im Herbst, bevor sie abfallen. Ein ständiger Wandel, der immer wieder zu transformatorischen Veränderungen führt: Aus der Knospe wird eine Blüte, aus der Blüte eine Frucht, die wiederum den Samen für eine neue Pflanze enthält. Die Krone hat eine konstante Struktur, wandelt sich dennoch im Laufe des Jahres und kann deshalb als Sinnbild für Wandel und Transformation angesehen werden. Aus Managementsicht finden in ihr die Kernprozesse statt, die ein Produkt herstellen, das im Anschluss an die Umwelt abgegeben wird.

1.6.2 Was bedeutet das für die Organisation?

Das klassische Bild von Organisation, das Organigramm, beschreibt, wie schon erwähnt, die Struktur und ihre Bestandteile sowie deren Aufgabe und Funktion innerhalb der Struktur. Es legt Rahmenbedingungen und Regeln für Abläufe und Routinen fest. Als Struktur ist die Organisation noch nicht lebendig. Aus dem Bild lässt sich nur bedingt ableiten, *wie* die Teile der Organisation miteinander *in Beziehung treten*. Die Beschreibung definiert die Teile wie sie sind, sagt aber wenig über die Qualität der Beziehung aus. Wir können die Dynamik, die aus dem Zusammenwirken von verschiedenen Organisationsteilen jenseits der Funktionslogik entsteht, nicht direkt ablesen. Dabei ist das die Dynamik, welche die Lebendigkeit eines Systems ausmacht. Diese Dynamik entsteht weitgehend durch menschliches Handeln auf verschiedenen Ebenen in verschiedenen Aufgabenbereichen. Die Dynamik wird durch die Formen der Kommunikation, über welche die Menschen in Verbindung treten, bestimmt.

Das ist beim Baum gut sichtbar. Seine Dynamik entsteht aus der Kommunikation zwischen Wurzel, Stamm und Krone sowie aus der

Vernetzung mit anderen Organismen aus dem Boden. Sie wird durch das Zusammenwirken verschiedener innerer und äußerer Impulse (Licht, Temperatur, Feuchtigkeit, Bodenbeschaffenheit) in Gang gesetzt und gesteuert.

Organisation neu denken bedeutet folglich, die Organisation als *Ganzes in der Dynamik ihrer Vernetzung* zu betrachten. Die Elemente des klassischen Bildes von Organisation werden zueinander in Beziehung gesetzt, wodurch das Bild eines vielfältigen Netzwerkes entsteht. Dieses Netzwerk lebt und funktioniert in einer Dynamik. Diese Dynamik ergibt sich daraus, wie die Menschen miteinander und mit dem Umfeld in Interaktion treten. Für die Entwicklung der Organisation ist die Kenntnis dieser Dynamik grundlegend. In den klassischen Konzepten der Organisationsentwicklung beobachtet man die einzelnen Faktoren: Menschen, Technologien, Konzepte. Es wird überlegt, wie die Faktoren verändert werden können, damit ein gewünschtes Ergebnis entsteht. Geht man vom Bild des Netzwerkes aus, so gehen wir einen Schritt weiter und beobachten, einerseits wie die Faktoren zusammenwirken und andererseits, was daraus entsteht. Auf dieser Grundlage wandelt sich das klassische Organisationsbild in:

- Ein Geflecht aus Vernetzungen von Struktur, Prozessen und Menschen
- Verbundenheit im Handeln und Zusammenwirken dieser drei Netzwerke [10]
- Einen durch Fließgleichgewicht aufrecht erhaltenen Organismus
- Ein Organismus, der durch Anpassung an die Gegebenheiten gesteuert wird und durch Kommunikation nach allen Seiten seine Stabilität aufrechterhält

Die Beschreibung weiter unten zeigt ein Muster, wie Baum und Organisation mit der Umwelt in Wechselbeziehung stehen. Es verdeutlicht einige strukturelle Gemeinsamkeiten. Die Beschreibung innerer Dynamiken wird an späterer Stelle aufgegriffen Tab. 1.1.

Organisationen als lebendiges System zu begreifen, bedeutet die **Wechselwirkung zwischen Verhalten und** Struktur zu verstehen, und die aus dieser Wechselwirkung entstehenden **Muster** zu erfassen, sowie

Tab. 1.1 Analogie Organisation – Baum, eigene Darstellung 2022

Vergleichskriterium	Baum	Organisation
Wachstum Wie ist das Wachstum ausgerichtet?	Dynamik: In zwei Richtungen: nach unten zum Wasser hin und nach oben zum Licht, Wachstum geschieht in Rhythmen und Phasen: Wachstumsphasen – Jahresrhythmen und Tagesrhythmen Abwechselnd mit Ruhephasen	Dynamik: Wachstum nach außen – erfordert meistens auch ein Wachstum nach innen Quantitatives Wachstum Wie würde ein qualitatives Wachstum aussehen? Kontinuierlich? Was ist mit den Ruhephasen?
Struktur Welche Struktur bedingt die Prozesse?	Wurzeln – Verzweigungen Stamm – Splintholz, Kernholz Krone – Äste und Blätter	Hierarchische Struktur: Organisationseinheiten, Teams, Mitarbeitende, Wie kann Heterarchie aussehen?
Vernetzung Wie sind Struktur und Prozesse miteinander vernetzt?	Über die Wurzeln Über Austausch chemischer Duftstoffe und elektrischer Signale	Kommunikationsstrukturen Kommunikationssysteme Entscheidungspfade, Stakeholder, Shareholder, Kunden, Partner, Lieferanten, Gesetzgeber, Wettbewerb
Interagierende Kräfte	Klima, Bodenbeschaffenheit, Industrie, Landwirtschaft, Mensch und Tierwelt	Wettbewerb, Shareholder, Klimatische Bedingungen, Politische Ereignisse, Gesetzgeber, technologische Entwicklung, Entscheider, Mitarbeitende, Organisationskultur
Fließgleichgewicht Welche Kräfte beeinflussen das Fließgleichgewicht?	Fließgleichgewicht, reagiert auf die natürlichen Rhythmen der klimatischen Einflüsse und der Bodenbeschaffenheit	Grad der Anpassung an Markttrends, Innovationen, Veränderungen in der technologischen Entwicklung, Veränderung der Nachfrage, Veränderungen im Kundensystem, politische und wirtschaftliche Lage, klimatische Bedingungen, interne Konflikte

(Fortsetzung)

Tab. 1.1 (Fortsetzung)

Vergleichskriterium	Baum	Organisation
Lebenszyklus	Der Baum hat verschiedene Zyklen, die er regelmäßig durchläuft: den Zyklus, bestimmt durch Tag und Nacht, die Zyklen, bestimmt durch die Jahreszeiten, Zyklen des Wachstums und von Regeneration	Auch Organisationen durchlaufen Zyklen des Aufbaus, der Konsolidierung, gefolgt von Zyklen der Veränderung. Im Unterschied zum Baum haben diese Zyklen keine regelmäßigen Phasen, die in natürliche Zyklen eingebettet sind. Sie sind unregelmäßig und von verschiedenen Rhythmen getrieben

die damit verbundenen Konsequenzen für das unternehmerische Handeln auf allen Ebenen zu erkennen.

Wie so etwas praktisch aussehen kann, verdeutlicht die Abb. 1.5 weiter unten. Sie ist ein Arbeitsergebnis aus einem Workshop zum Thema Changememanagement.

Der Baum ermöglicht eine ganzheitliche Betrachtung des Wechselspiels von Struktur und Prozessen in Verbindung mit menschlichem Verhalten in:

* Abläufen und Prozessen (Krone)
* struktureller Funktion: Koordination und Entscheidungswege, Kompetenz (Stamm)
* ökonomischen und technischen Faktoren: Ressourcen, Aufgabenverständnis, Kultur (Wurzeln).

Aus der Betrachtungsweise dieses Wechselspiels können Muster und Dynamik des Zusammenwirkens sowie deren Auswirkung auf das Umfeld, erkannt und verstanden werden.

Dieses Wechselspiel kann in seinen Auswirkungen oft nicht vollständig vorhergesehen werden. Folglich können auch nicht alle Vorgehensweisen im Voraus geplant werden. Man sieht sich in einer „Wolke des

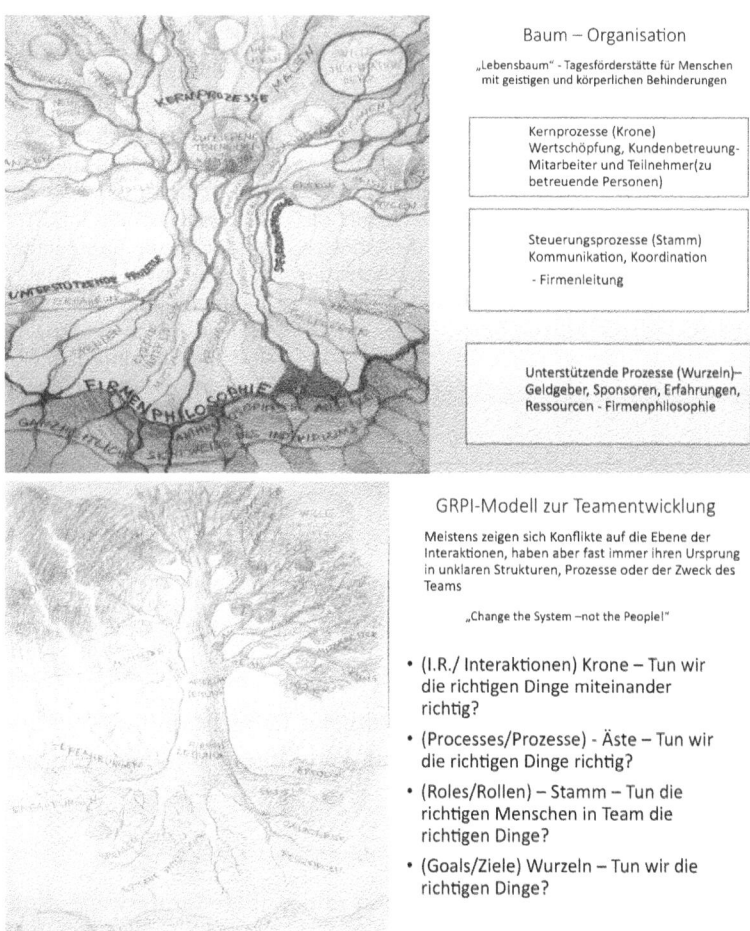

Abb. 1.5 Lösungsansätze für Changeprojekt dargestellt am Baummodell; Ljubena Glaser. (©mit freundlicher Genehmigung)

Nicht-Wissens". In solchen Situationen wird oft auf alte Muster zurückgegriffen. Das kann zur Folge haben, dass Entwicklungen verhindert werden. Eine andere Möglichkeit ist, Fragen zu stellen, um neue Wege aufzudecken.

Um den Bogen zu dem Beispiel der Lemberg Messgeräte GmbH am Anfang zurückzuschlagen, könnte man einige Fragen an die Organisation richten:

* Welche Dynamik bestimmt das Verhalten im Unternehmen?
* Was hat sich durch den „Durchbruch" in dieser Dynamik geändert?
* Wie war die Beziehung der Bereiche untereinander?
* Was hat sich durch den „Durchbruch" in dieser Dynamik geändert?
* Was bedeutet das für die Entwicklung der Organisation?
* Was sollte sich verändern?
* Was kann so bleiben?
* Wie können die beiden Bereiche sich gegenseitig unterstützen?

Die Antworten auf diese Fragen können einen Rahmen zur Entwicklung eines neuen eigenen Modells geben, eines Modells, das für die Gegebenheiten der Lemberg Messgeräte GmbH passend ist.

Die Fragen sind nicht erschöpfend, sondern werfen auf der Handlungsebene neue, weiterführende Fragen auf, die in den nächsten Kapiteln auftauchen werden.

Fazit

1. Den Baum als Modell für Organisation zu betrachten, bedeutet die drei Bereiche – Wurzel, Stamm und Krone – den drei Grundfunktionen des Organisationsprozesses Kernprozesse, Koordinationsprozesse und unterstützende Prozesse, zuzuordnen.
2. Die Verbindung der drei Funktionen sichert das Fließgleichgewicht und funktioniert über eine gute Kommunikationsstruktur.
3. Struktur und Prozesse im Baum sind denen in einer Organisation vergleichbar.
4. Die Bereiche des Baumes funktionieren durch ständige Kommunikation und Koordination. Die ständige Abstimmung zwischen den Bereichen und die dezentrale Steuerung erfordern ein dynamisches Verständnis für die Organisation des Baumes.
5. Die Aufgaben sind, wie auch in Organisationen, auf verschiedene Bereiche verteilt. Den Bereichen Wurzeln, Stamm und Krone können Bereiche und Dimensionen des Unternehmens zugeschrieben werden.

6. Organisation dynamisch denken bedeutet, die Dynamik der Organisation mehr zu beobachten, Wechselwirkungen von Struktur, Prozessen und Menschen auszuwerten und die Effekte zu nutzen.
7. Für die Menschen bedeutet das ein dynamisches Verständnis von Prozesssteuerung: zu der Steuerung von Routinen kommt die Beobachtung der Wechselwirkungen und das Aufgreifen emergenter Phänomene, deren Analyse und Auswertung, hinzu.

Anmerkungen

1. Fließgleichgewicht – ist ein dynamisches Gleichgewicht, das durch eine gleichmäßige Zufuhr von Energie/Materie aufrechterhalten wird.

2

Wurzeln – Sinnbild für Verankerung, Vernetzung, Kommunikation und Triebkraft

Wurzeln. (Quelle: eigenes Foto)

© Der/die Autor(en), exklusiv lizenziert an Springer Fachmedien Wiesbaden GmbH, 27
ein Teil von Springer Nature 2025
U. Schullerus, *Organisationsentwicklung im Spiegel der Natur*,
https://doi.org/10.1007/978-3-658-45064-9_2

„Wurzeln, die tief in der Erde den Baum aufrecht halten und nähren, sieht man nicht. Menschen, die an den Fundamenten arbeiten, damit das Haus erhalten bleibt, sieht man auch nicht, aber sie sind wichtiger als Menschen, die ständig mit der Fassade beschäftigt sind, damit sie vom großen Publikum ja nicht übersehen werden." Phil Bosmans [55]

Zusammenfassung Wir beginnen das Gedankenexperiment bei den Wurzeln des Baumes und den Wurzeln der schwierigen Situation, in der die Lemberg Messgeräte GmbH sich gerade befindet. Wurzeln werden zur Metapher für Vernetzung, Verankerung und Organisationskultur. Ihr Bild ermöglicht eine Analogie zu den digitalen Strukturen. Dazu gibt es Überlegungen, zu der Natur der Dinge, bzw. wie Vernetzung sich auf unser Denkmuster auswirkt. Die Geschichte von Sven, weist auf die Kraft hin, die aus den Wurzeln kommt.

2.1 Wurzeln verankern

Die Wurzeln verankern den Baum im Boden, geben Stabilität und nähren Stamm und Krone. In ähnlicher Weise verankert eine gesunde Organisationskultur, die Organisation in ihren Wurzeln. Dazu zählen: Geschichte, Werte, Regeln, Normen, Gewohnheiten, Denk- und Handlungsmuster. Sie geben dem Handeln innerhalb der Organisation Stabilität.

Es liegt in der Natur der Dinge, dass Bäume mit anderen Bäumen und Organismen zusammenarbeiten, um Wachstum und Überleben zu sichern.

Es stellt sich die Frage:

- Was brauchen Organisationen, um eine Kultur zu schaffen, welche die Natur der Dinge wieder versteht und ihr Handeln daran ausrichtet?

Wurzeln entfalten Triebkraft und wachsen im Verborgenen.

- Was sind die natürlichen Triebkräfte einer Organisation?
- Was braucht es, um sie entfalten zu können?

Sven und die neue Chance – oder: Was passiert, wenn Samen Wurzeln treiben?

Gerade hatte Sven erfahren, dass er eine neue Verantwortung übernehmen sollte. Seit fünf Jahren leitete er die Abteilung Kundenanfragen und -betreuung. In letzter Zeit hatte es mit der Entwicklungsabteilung viele Spannungen gegeben, mit „der Spielwiese", wie sie genannt wurde. Da hatten die Programmierer zusammen mit den Kunden Programme entwickelt, welche, eingebaut in andere Geräte, Messungen vornahmen. Sie hatten die Programme im direkten Kontakt mit den Kunden gemeinsam auf den Weg gebracht. Seine Kollegin Lea, die Abteilungsleiterin hatte ihn, Sven, nicht mit einbezogen, obwohl er eigentlich für die Kundenkontakte verantwortlich war. Die Programme waren sehr erfolgreich. Sie konnten den Nachfragen gar nicht nachkommen. Sven verstand nicht genau, was da vor sich ging, weil die Programmierer ihn nicht informierten, sondern direkt mit dem Kunden sprachen, während er, Sven, nur noch Aufträge abwickelte. Und auch damit kam er kaum hinterher. Marc strebte eine strategische Allianz mit einem oder zwei Start-Ups an. Nun hatte Marc Sven gefragt, ob er diese Allianzen betreuen würde.

Sven fühlte sich von der Frage etwas überrumpelt.

Er liebte seine Arbeit und hatte im Laufe der Zeit zu allen Kollegen in seinem Bereich eine sehr gute Beziehung aufgebaut. Das hier war sein zweites Zuhause. Warum sollte er diese Aufgabe übernehmen? Warum sollte er sich um strategische Allianzen kümmern, mit Menschen zusammenarbeiten, die aus einem anderen Unternehmen kamen, einem Unternehmen, das anders funktionierte als sein Bereich?

In dem anderen Unternehmen programmierten sie elektronische Teile. Da war sehr vieles standardisiert, viel Routine. Wollte er das? Man hatte ihm gesagt, er sei ausgewählt worden, weil man ihm zutraute, das neue Unternehmen gut in die Abläufe des eigenen Unternehmens zu integrieren. Er hatte keine Vorstellung, wie das gehen sollte. Wollten die anderen denn das? Passte das zusammen? – Andererseits hatte er kürzlich mit seinem Vorgesetzten darüber gesprochen, dass er sich vorstellen könne, eine weitreichendere Aufgabe zu übernehmen. Dabei hatte aber nicht an ein anderes Aufgabenfeld gedacht, vielmehr an eine Ausweitung der aktuellen Aufgaben und Befugnisse.

Er blickte auf den Schrank mit den Modellen, von denen er an vielen mitgebaut hatte. Über dem Schrank hing ein Bild der beiden Gründer. Es zeigte sie vor dem Unternehmen, neben einem Bäumchen, das sie gerade gepflanzt hatten. Das alles war schon Jahrzehnte her, bevor er geboren wurde. Mittlerweile war die Esche ein großer Baum geworden und es wurde darüber gesprochen, ob sie gefällt werden müsse, weil die Gebäude erneuert werden sollten. Sven war dagegen. Die Esche spendete Schatten an heißen Sommertagen und sie gehörte zum Unternehmen. Die beiden Männer auf dem Bild hatten den Baum als Sinnbild für ein gesundes Unternehmen gepflanzt. Beide Gründer lebten nicht mehr. Man erzählte von ihrer Fachkenntnis, und der Offenheit für Neues. Sven erinnerte sich, wie er als Kind mit einem der Gründer, den damals alle Opa nannten, gespielt hatte. Opa ließ sie an seinen Geräten herumprobieren und fand über die Kinder heraus, wie man die Bedienung einfach halten konnte. Wegen dieser Offenheit für neue Möglichkeiten war Sven zu diesem Unternehmen gekommen. Sven fühlt sich in dem Unternehmen der Lemberg GmbH heimisch. Ihm sind die Denkweisen und das Umfeld bekannt, er kennt die Menschen und schätzt die Werte, die sie gemeinsam teilen.

2.1.1 Wurzelwerk Organisationskultur

In Organisationen entsteht Kultur als Netz aus der Schnittmenge aller Grundannahmen, Denk- und Verhaltensmuster. Sie ist ein immaterielles Netz an Grundannahmen, Erfahrungen, Wertvorstellungen, welche die Denk- und Verhaltensmuster einer Gruppe/Gesellschaft prägen. Ähnlich wie die Wurzeln des Baumes, ist Kultur in ihrem Ursprung nicht sichtbar, denn Gedanken, Gefühle und Grundannahmen sind im Ursprung immateriell. Dennoch wirken sie verbindend. Sie werden durch Verhalten, durch Normen, Regeln im zwischenmenschlichen Miteinander sichtbar. Menschen, die ähnliche Vorstellungen haben, denen ähnliche Dinge wichtig sind, die sich ähnlich verhalten, haben eine gemeinsame Identität, eine gemeinsame kulturelle Basis, die aus dem Miteinander entsteht. Kultur entsteht als emergentes Phänomen[1] und ist, wie alles Lebendige, ständig in Bewegung, in Veränderung.

Für die Mitarbeitenden einer Organisation ist sie ein Kompass, an dem alle ihr Verhalten ausrichten können, wenn sie sich darin verwurzeln.

Definition Organisationskultur [5]: Kultur ist ein System gemeinsam geteilter Muster des Denkens, Fühlens und Handelns, sowie der sie vermittelnden Normen, Werte und Symbole innerhalb einer Organisation. Zur Analyse einer Organisationskultur werden häufig drei Kulturebenen unterschieden, nämlich ihre Basis-Annahmen, Normen und Standards sowie Symbolsysteme. Organisationskultur kann der Motivation der Organisationsmitglieder dienen, indem deren individuelle Präferenzen den kollektiven Zielen der Organisation angenähert werden.

Anfänglich wird die Kultur durch die Gründer und deren Wertvorstellungen, Erwartungen und Verhalten geprägt. Und sie entwickelt sich mit der Organisation ständig weiter. So wie die Wurzeln ein Netz bilden, das den Baum im Boden verankert, ist die Organisation in dem immateriellen Netz an Gedanken, Wissen und Erfahrung, Gefühlen und Ideen verankert. Dieses Netz ist eine wichtige Ressource für die Organisation. Abb. 2.1.

So wie die Wurzeln Stamm und Krone nähren, so wird eine Organisation aus dem kulturellen Netz genährt. Von außen nur wenig sichtbar, ist das Wurzelwerk des Baumes von existenzieller Bedeutung für Wachstum und Überleben. Ähnlich ist die Organisationskultur von außen wenig sichtbar, findet jedoch ihren Ausdruck im Betriebsklima, in all dem, was die Mitarbeitenden als Identität mit dem Unternehmen empfinden und erleben, im Umgang miteinander und im Umgang mit dem Außen.

Kultur wird durch Umsetzung in **konkretes Verhalten** sichtbar in:

- **Vision und Strategie:** Ausdruck von Grundannahmen und Wertvorstellungen
- **Zielsetzungen:** Ausdruck von Wertvorstellungen
- **Prozessen und Abläufen:** Ausdruck von Verhaltensmustern und Regelwerken
- **Strukturen der Zusammenarbeit:** Ausdruck von Verhaltensmustern, Normen
- **Kommunikationsformen:** Ausdruck von Grundhaltungen, Wertvorstellungen und Verhaltensmustern
- **Ritualen** z. B. Formen für die Durchführung von Meetings: Ausdruck von Verhaltensmustern, Normen
- **Eingespielten Verhaltensformen:** zwischen Entscheidungsträgern und Mitarbeitern, zwischen Kundenbetreuern und Kunden, zwischen Unternehmen und Zulieferern/Wettbewerbern.

Die Begegnung von unterschiedlichen Denk- und Verhaltensmustern erzeugt eine Dynamik, die einer fortlaufenden, Abstimmung bedarf. Diese Dynamik kann immer wieder zu Spannungsfeldern führen und

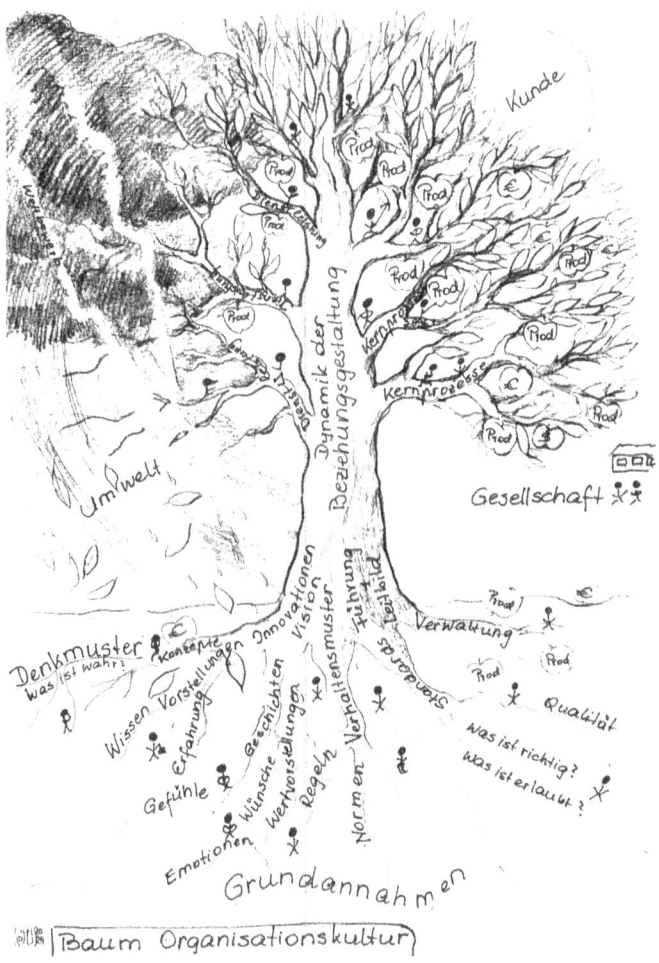

Abb. 2.1 Organisationskultur – Wurzeln, Zeichnung Ljubena Glaser. (©mit freundlicher Genehmigung, Inhalt: Ursula Schullerus Januar 2024)

wirft bei den Beteiligen viele Fragen auf. Um diese Spannungsfelder konstruktiv zu nutzen, können Fragen gestellt werden wie:

- Was ist für mich/andere wichtig?
- Was ist für mich/andere richtig?

- Was sind meine Bilder, Erwartungen, Ziele?
- Was sind die Bilder/Erwartungen, Ziele der anderen?

Schauen wir uns die Spannungsfelder an, denen Sven sich ausgesetzt sieht.

Sven fühlt sich in dem Unternehmen verwurzelt. Die Offenheit für Neues, die von den Gründern vorgelebt wurde, die gute Atmosphäre mit den Kollegen, mit denen er viele Werte teilt, eine nährende Kultur, die er nicht gerne aufgeben möchte. Er fragt sich, ob die Menschen aus dem anderen Unternehmen zu seinem Unternehmen passen. Sein Gefühl ist, dass ihre Wurzeln anderswo sind. Sie haben andere Denkmuster und Vorstellungen.

Ähnlich geht es ihm mit der Entwicklungsabteilung „der Spielwiese".

Diese Spannungsfelder entstehen aus der Verschiedenartigkeit von Denkmustern und Vorstellungen. Sven sieht in dem direkten Kontakt zwischen Kunden und Programmierern eine Verletzung der Regeln, so wie sie im Organisationskompass vereinbart sind: er ist als Ansprechpartner für Kundenanfragen übergangen worden. Die anderen haben an ihm vorbei gearbeitet. Das verletzt ihn und stellt seine Befugnisse und Kompetenzen in Frage. Er sucht das Gespräch mit der Personal- und Organisationsentwicklung.

Fragen, welche von der Organisationsentwicklung gestellt werden können Abb. 2.2:

- Gilt das, was bisher Norm war nicht mehr?
- Hat Sven ein Problem mit der Kommunikation?
- Welche Vorstellung von Zusammenarbeit haben die Beteiligten?

Wie immer die Antwort ausfällt, es ist ein Problem, dessen Ursprung sowohl von der persönlichen Ebene aus betrachtet werden kann, als auch von der Ebene der Organisationskultur.

Auf der persönlichen Ebene ist es eine Regelverletzung: Sven fühlt sich übergangen. Das Problem verlagert sich damit in den Bereich der individuellen Wurzeln – der individuellen Grundhaltung Regeln gegenüber.

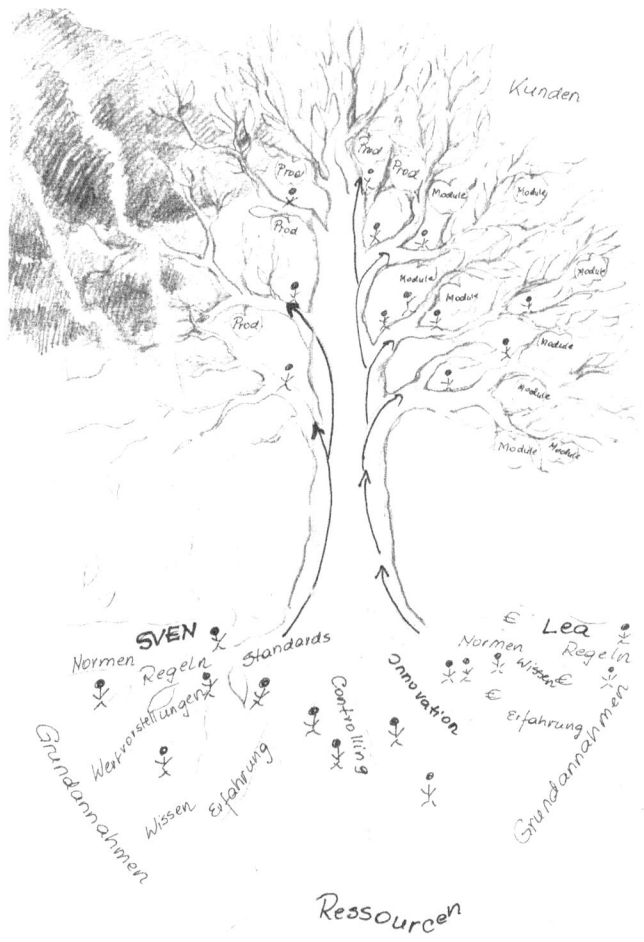

Abb. 2.2 Wie Grundannahmen und Regeln unser Verhalten, und damit auch Abläufe, beeinflussen –Zeichnung Ljubena Glaser. (©mit freundlicher Genehmigung, Inhalt: Ursula Schullerus Januar 2024)

Im größeren Zusammenhang der Organisationskultur gesehen, kann man in dieser Situation verschiedene Grundannahmen erkennen:

1. Sven geht von der Grundannahme aus, dass Regeln immer und für alle gelten,

2. die Programmierer gehen davon aus, dass Regeln sich ändern, wenn Arbeitsabläufe neue Formen annehmen, weil die alten nicht mehr dienlich sind.

Damit verlagert sich der Ursprung des Problems aus dem individuellen Bereich in den Bereich der kulturellen Wurzeln des gesamten Systems. Es zeigt eine Veränderung in der Kultur, mit der ein neues Verhalten auftaucht. Das Verhalten ist durch eine Produktveränderung entstanden und wirkt sich langsam auf die gesamte Organisation aus.

Es sieht so aus, als entsteht der Konflikt aus einem *Nicht-Wahrnehmen der Natur der Dinge,* aus einer Sichtweise, die sich nur auf den eigenen Bereich beschränkt, sich vorwiegend auf das eigene Ziel und das eigene Ergebnis konzentriert und alles, was nicht dazu gehört, ausgrenzt. Sven hält an seiner Umgebung fest und die Programmierer an ihrem Umfeld.

Diese Sichtweise ist durch ein bestimmtes Denkmuster entstanden, ein Denkmuster das Kräfte nach dem Prinzip der Ähnlichkeit bündelt, um stärker zu sein, um Tätigkeiten gezielter steuern und besser kontrollieren zu können. Das gibt Sicherheit und Stabilität. Ähnliche Bedürfnisse und ähnliche Denkmuster bieten vereinfachen die Einteilung und Planung von Abläufen. Andererseits verstellen sie auch den Blick für Vielfalt und neue Möglichkeiten. Sie lassen vergessen, dass es auch andere Handlungsweisen gibt. Andersartigkeit wird ausgegrenzt, es wird vergessen, dass alles miteinander zusammenhängt. Diese abgrenzenden Strukturen können sich auf die Zusammenarbeit einschränkend auswirken. Andererseits können sie Struktur geben, gerade durch ihre klare Abgrenzung.

Die folgenden Fragen richten sich an Sie als Leser:

• Wie schätzen Sie die Situation ein?
• Welche Auswirkungen kann die Dynamik der Prozesse auf diese Situation in der Organisation haben?
• Wie kann Sven konstruktiv Einfluss nehmen?

Fazit

1. Organisationskultur entsteht aus gemeinsam geteilten und den individuell eingebrachten Denkmustern, Wertvorstellungen und Verhaltensweisen, Erfahrungen und Geschichten einer Organisation.
2. Sie ist nicht sichtbar, aber erlebbar im Betriebsklima, in der Art des Miteinanders, in den Kommunikationsstrukturen.
3. Sie ist ein Kompass für alle Mitarbeitenden, denn sie enthält die Regeln der Kommunikation und Zusammenarbeit.
4. Sie ist wie ein Wurzelwerk, das jeder Organisation zugrunde liegt.

2.2 Kommunikation und Vernetzung fördern nachhaltige Zusammenarbeit

Svens Entdeckung

Sven saß unter der Esche, auf einem der Wurzelstränge, die sich über den Boden wie ein Netz ausbreiteten. Vor allem an der Seite, wo ein Stück Erde abgerutscht war, wurde das Wurzelwerk deutlich sichtbar. Er betrachtete die Stränge, wie sie den Boden durchzogen. „Wie Starkstromleitungen", dachte er. „Da geht mächtig was an Kraft durch, nach oben und nach unten…" Irgendwo hatte er gelesen, dass die Bäume im Wald wohl alle vernetzt waren und über die Wurzeln kommunizierten.

„So eingebettet und verwurzelt zu sein" – dachte er. Wie sich das wohl anfühlte? Ein wenig so wie zu-Hause-sein? So wie er sich in seinem Bereich fühlte?

„Stimmt" dachte er. „Da bin ich richtig verwurzelt, da kenne ich jeden Ablauf, jeden Quadratzentimeter, da weiß ich Bescheid, da habe ich all die Jahre verbracht, da hat mein beruflicher Weg begonnen – meine Geschichte… Und das soll ich verlassen?"

Sein Blick fiel auf die andere Seite des Baumes, wo die Wurzeln sich nach der anderen Seite in den Waldboden gruben. Beeindruckt von der Kraft des Wurzelwerkes folgte sein Blick dem Gewebe. Die Wurzeln gruben sich in den Boden, verzweigten sich, wie auch das Geäst, dazwischen waren immer wieder Freiräume, so dass ein Muster auf dem Boden entstand. An einer Stelle, war wieder ein Stück Erde abgesackt und sie liefen an der Bruchkante entlang bis zu einem nächsten Baum und verschränkten sich mit den Wurzeln des Nachbarbaumes!

Sven hob den Blick zu dem Stamm des nächsten Baumes: es war eine kleine Esche in etwa drei Schritten Entfernung. Erstaunt schaute er auf die Wurzeln, die sich ineinander verschränkten und dann im Boden

verschwanden. Konnte es sein, dass der größere Baum den kleineren unterstützte? Dass die beiden miteinander verwachsen waren?

Ein Wood-wide-Web – oder übersetzt – ein Wald-weites-Wurzelge-
webe, das viel älter war als das Internet – das World-wide-Web. Warum
war man nicht früher darauf gekommen, wo der Wald es uns doch vor-
machte?

Dass ihm das bisher noch nie aufgefallen war! Irgendwie berührte
es Sven und eine Weile noch saß er schweigend da, schaute auf die sich
verschränkenden Wurzeln. In der Verschränkung gestalteten die beiden
Bäume ihr Zusammenleben. Wahrscheinlich unterstützten und nährten sie
einander. Und dennoch behielt jeder seinen Lebensraum.

Darüber wollte er genauer nachdenken, bevor er seinem Vorgesetzten
eine Antwort gab.

Zusammenarbeit durch Kommunikation und Vernetzung

Wissenschaftliche Studien von Stephan Mancuso [32], Frantisek Baluska
[4] und Suzanne Simard [42] zeigen, dass Wurzeln sehr viel mehr sind als
die Verankerung im Boden. Sie bestätigen Charles Darwins Entdeckung,
dass Pflanzen Sinnesorgane besitzen. Ein großer Teil davon ist in den Wurzeln angesiedelt. Stefano Mancuso [32] beschreibt in seinem Buch *Die Intelligenz der Pflanzen* sehr eindrücklich, wie die Wurzelspitze das Wachstum
steuert. Frantisek Baluska von der Universität Bonn bezeichnete das Wurzelwerk als „Gehirn-artige Kommandozentrale, die Umwelteinflüsse durch
Rezeptoren wahrnehmen kann. Durch Synapsen und molekulare Verbindungen werden die aufgenommenen Informationen gezielt an den Stamm
bzw. die Krone, oder an andere Bäume weitergeleitet [29]. Wurzeln bilden
nicht nur ein physisches Netzwerk unter der Erde, sondern sind auch über
elektrische und chemische Signale mit Stamm und Krone vernetzt. Das
Bild, das Botaniker heute von den Wurzeln beschreiben, erinnert an das,
was wir heute als digitale Strukturen in Organisationen einführen.

Fragen an Sie, als Leser*in:

• Ist uns da die Natur etwas voraus?
• Hat die Natur uns seit Jahrtausenden digitale Strukturen vorgemacht
  und wir haben es nicht gesehen und nicht verstanden, weil wir zu
  sehr damit beschäftigt sind, die eigenen Vorstellungen in der Außen-
  welt aufzubauen?
• Haben wir dadurch den Blick für die Natur der Dinge verloren?

Die digitalen Technologien können mittlerweile einen Teil des operativen Handelns sowie einen Teil der Kommunikation übernehmen. Was in konventionellen Arbeitszusammenhängen zwischen Menschen abgesprochen wurde, ist jetzt zusammengefasst in einem Programm, das die Arbeit selbständig löst. Ein Teil der Arbeit wird über das digitale Netzwerk erledigt. Dieses Netzwerk verbindet viele Bereiche, ähnlich wie die Wurzeln als Netzwerk Verbindungen schaffen. Das stört das Handlungsmuster derjenigen, die bisher diese Arbeit verrichtet haben. Es schafft Verunsicherung und stellt diejenigen, die sich bislang mit dieser Arbeit identifiziert haben, vor eine Sinnfrage. Welchen Sinn hat die Arbeit für den Entwickler und Konstrukteur, wenn er nichtmehr stolz sein kann auf seine eigene Leistung? Was ist sein nachweislicher Wert für das Unternehmen, wenn nichtmehr klar ist, wer den Erfolg einbringt? Eine Folge solcher Denkmuster ist Abgrenzung.

- Ist das es das, was Sven erlebt?

Seit Jahren arbeiten Organisationsentwickler und Berater daran, starr abgrenzende Strukturen aufzuweichen, um Zusammenarbeit zwischen Organisationseinheiten in offeneren Formen zu ermöglichen. Allgemeines Konkurrenzdenken, konkurrierende Zielsetzungen und eine auf den eigenen Bereich eingeschränkte Sichtweise und Identifikation sorgen für Klärungsbedarf in diesem Prozess.

Bäume hingegen nähren sich und auch artfremde Pflanzen über ihr Wurzelwerk. Sie speichern Flüssigkeit und Nahrung für „härtere Zeiten". Suzanne Simmard [42] entdeckte, dass Bäume sich gegenseitig helfen.[2] Auch die Pilze im Boden, arbeiten mit verschiedenen Bäumen zusammen, um gegenseitig das Überleben zu sichern. Sie entdeckte, dass

[1] „Wenn der Pilz mehr Kohlenstoff von einem Baum bekam, als er für sein eigenes Wachstum und Überleben brauchte, dann konnte er den Überschuss an notleidende Bäume im Netzwerk weitergeben und damit die Zahl seiner Kohlenstoffkontakte steigern – Rückversicherung beim Erwerb lebenswichtiger Ressourcen."[3]

Eine Zusammenarbeit im System, mit System. Wurzeln, Pilze und Mikroorganismen bilden eine Zweckgemeinschaft, in der man sich gegenseitig unterstützt und gleichzeitig das Umfeld mit bedenkt, auch wenn die Strukturen und Formen sehr unterschiedlich sind. Eine solche Art der Zusammenarbeit erfordert von Organisationen ein vernetztes Denken.

Denken in Vernetzungen
Zusammenarbeit findet nicht nur innerhalb des Baumes statt, sondern auch mit dem Umfeld. Das Ganze geschieht in einem Zusammenspiel von Geben und Nehmen zwischen Pilz, Baum und Umwelt. Es erinnert an Frederic Laloux [27] und die von ihm beschriebene Form von Zusammenarbeit in der sich selbst organisierenden Organisation. Ist das vielleicht das Geheimnis der Nachhaltigkeit?

Wie oben beschrieben, ist aus konventionellen Organisationsformen ein abgrenzendes Denken entstanden, das für den Kontext konventioneller Organisationsformen Ordnung und Struktur vermittelt. Um in der Vernetzung, die durch die Digitalisierung entsteht, erfolgreich zu handeln und die Komplexität und Volatilität der gegenwärtigen Situation gerecht zu werden, ist es notwendig, aus der Abgrenzung herauszutreten und mit dem Umfeld in Beziehung zu gehen. Es bedarf einer Öffnung für das, was jenseits der eigenen Komfortzone ist. Ein solches Vorgehen ermöglicht Entwicklung: statt alleine abgrenzend, kann flexibel, je nach Bedarf sich abgrenzend oder anpassend zu auf die Dynamik des Umfeldes reagiert werden. Ein Ansatz in diese Richtung ist die Einführung von agilen Strukturen verbunden mit dem „agilen Mindset" [21].

Vom Denkmuster her bedeutet es, die Fähigkeit des vernetzten Denkens, auf die auf ein Denken in Vernetzungen auszuweiten. Vernetztes Denken verbindet verschiedene Elemente zu einem Netzwerk.

Denken in Vernetzungen geht einen Schritt weiter und betrachtet in seiner Analyse und Synthese ganze Netzwerke in ihrer Dynamik und Funktion. Denken in Netzwerken ist ein ganzheitliches, multidimensionales Denken.

Fragen, die in der Situation relevant sein werden:

• Was braucht es in „den Wurzeln" der Lemberg Messgeräte GmbH, damit die beiden Bereiche sich gegenseitig unterstützen?

- Was könnte ihre gemeinsame Basis sein, so dass jeder seinen Wurzelstrang behält und Zusammenarbeit möglich wird?
- Was kann die Organisationsentwicklung tun?

Fazit

1. Die Kommunikation und Vernetzung im Wurzelwerk der Bäume erinnert an die digitalen Strukturen, die gerade unsere Welt verändern.
2. Diese Vernetzung erfordert neue Kommunikationsstrukturen und ein Denkmuster, das nicht nur Teile vernetzt, sondern die Verbindungen von ganzen Vernetzungen erkennt.
3. Aufgabe der Organisationsentwicklung ist es, ein Verständnis von Organisation als Netzwerk zu entwickeln und zu vermitteln

2.3 Die Triebkraft der Wurzeln – ein Auf-Bruch – ein zündender Gedanke führt zu Veränderung

Sven versteht Zusammenhänge

Sven stand auf und schaute sich um. Das Blätterdach über ihm, war dichter geworden, die Schatten länger. An den Ästen hingen noch die Samen vom letzten Herbst und auf dem Boden lagen auch noch einige Schraubenflieger, die der Wind nicht weitergetragen hatte. Er hob einen auf und betrachtet die schöne Form der Flügel die wie ein Schleier den Kern schützten. Er hielt den Samen in der Hand und blickte auf den Baum. Kaum zu glauben, dass aus diesem kleinen Samen eines Tages auch ein so großer Baum werden konnte, wie der unter dem er im Augenblick stand. In diesem kleinen Samen war der gesamte Plan für den Baum, das gesamte Lebens-Programm des Baumes enthalten. Unter guten Bedingungen würde im Samen ein Keim heranwachsen. Der Keim aus dem Inneren des Samens würde die Schale sprengen. Es würden Wurzeln und Triebe für den Stamm wachsen – der Trieb zum Licht und die Wurzeln zum Wasser weiter nach unten in die Erde. Die Einheit des Kernes spaltete sich in zwei Teile auf, die jedoch nur miteinander weiterwachsen und gedeihen konnten, auch wenn sie in verschiedene Richtungen gingen. „Merkwürdig," dachte Sven. „Ist das nicht so, wie unsere Situation jetzt?" War das, was in der „Spielwiese" geschehen war, wie ein Keimungsprozess für einen neuen jungen Baum? Wieder schaute er zu den Wurzeln und dem jungen Bäumchen hinüber. Zwischen dem alten und dem jungen Baum gab es eine Verwurzelung. Sven hielt inne. Das war ihm fast zu viel. Er atmete tief aus, erhob sich und machte sich auf den Heimweg.

Das Bild der Wurzelverbindung ließ ihn nicht los. Seine neue Aufgabe war, zwei Start-Ups mit dem Unternehmen zu verbinden. Anfänglich war er von der Idee gar nicht so begeistert, denn das Chaos der „Spielwiese" und was die alles an Neuem entwickelt hatten, war ihm ein wenig unheimlich. Irgendwie war das alles zu schnell gegangen. Keiner hatte so recht mitbekommen, was da passierte. Ehrlich gesagt, keiner im Unternehmen wollte es auch genau wissen. Gleichzeitig hatte er, Sven, geäußert, dass er mehr Verantwortung übernehmen wolle. Er wollte etwas bewegen. Nun war der Vorschlag da. War das ein Samen, der aufgegangen war. Wurde er gerade von einem Mutterbaum (der Messgeräte GmbH) genährt? Der Samen hatte schon Wurzeln getrieben und einen kleinen Stamm, war zum Setzling geworden. Er sollte mit dem großen Baum verbunden werden. Da war sicher viel Power drin. Und er, Sven, konnte diese Power nutzen, um auch einen großen Baum wachsen zu lassen, wie die Gründer der Lemberg GmbH. Er hielt inne. Der Gedanke, sich durch die Integration von der Start-Ups, an den neuen Entwicklungen beteiligen zu können, beflügelte ihn. Das bedeutete, dass er sehr viel verändern musste. Und vielleicht konnte Lea, die Leiterin der „Spielwiese" ihm dabei helfen? Das waren ganz neue Gedanken. Sven beschleunigte seinen Schritt. Er würde morgen gleich mal mit Lea reden.

Triebkraft aus dem Samen

Ein kleiner Schraubenflieger, zur Erde gefallen, wird von den vorbeilaufenden Tieren in die Erde gedrückt. In ihm steckt die Triebkraft des Wachstums, welche für die Verwandlung des Samens in eine Pflanze, einen Baum, notwendig ist.

Im Schutz der Samenschale und genährt von der Feuchtigkeit im Boden, nimmt der Keim Form an, wächst und treibt kleine Wurzelfäden. Immer weiterwachsend, macht es eines Tages Peng! Der Keimling sprengt die Form, die Schale des Samens. Die kleinen Wurzelfäden graben sich im Boden ein, suchen nach Wasser, saugen die Feuchtigkeit des Bodens auf und geben sie an den Stängel weiter. Der Stängel wächst in die andere Richtung, dem Licht entgegen, während die Wurzeln sich immer tiefer in den Boden graben. Die Suche nach Wasser treibt sie voran. Vielleicht hat der Keim im Samen so viel Kraft entwickelt, weil er geträumt hat, ein großer Baum zu sein.

Die Beschreibung weiter oben zeigt, welch eine Triebkraft Samen enthalten. Diese Triebkraft steckt auch in uns Menschen. Sie zeigt sich in dem Bedürfnis nach Gestaltung verbunden mit Träumen, durch zündende Ideen, Wünschen, die man erfüllt sehen möchte und einer hohen Motivation, sich für die Erfüllung zu engagieren.

Der Traum als treibende Kraft ... Steht nicht am Anfang jeder Unternehmung, jeder Organisation auch ein Traum, eine Vision von etwas, das unser Leben besser und schöner machen soll?

Und dieser Traum entwickelt sich auch aus einem Samen, aus einem Samen in Form einer Idee. Aus dem zündenden Gedanken entsteht ein neues Produkt für ein Unternehmen oder eine neue Institution zur Regelung des gesellschaftlichen Zusammenlebens.

Bei allen steht am Anfang ein Gedanke, ein Traum, eine Vision: bei der Erfindung der Dampfmaschine, der Glühbirne, des ersten Computers oder des ersten Autos, die Gründung des ersten Krankenhauses, der ersten Krankenversicherung, der ersten Rentenversicherung oder die ersten öffentlichen Barbiere. Die Liste kann unendlich weitergeführt werden. Wichtig ist die Anfangsidee, welche die Möglichkeiten zur Erfüllung von Grundbedürfnissen und Wertvorstellungen, sowie deren Verwirklichung enthält.

Diese Idee, dieser Traum, diese Vision ist das Samenkorn für das Unternehmen, die Grundlage für das, was daraus erwächst. Auf einer tiefen Ebene verknüpfen sich der Wunsch nach einem besseren Leben: bei den einen ein Traum, in welchem viele andere Platz haben. Bei den anderen kann es der Wunsch sein, das eigene Leben zu verbessern. Der persönliche Traum von einem schönen Leben verknüpft sich mit den Möglichkeiten, die durch das Umfeld einer Organisation geboten werden. Man denke an den Mythos des Ikarus, der davon träumte, fliegen zu können, und der sich schon seit bald hundert Jahren verwirklicht hat.

Der zündende Funke als Antrieb ... Oft fängt es damit an: eine zündende Idee und eine Zeit der Arbeit im Verborgenen. Das Ergebnis: ein Produkt, eine Dienstleistung, welche die Träume und Wünsche von Menschen erfüllen wird. Und es wird nicht nur Wünsche erfüllen, sondern auch Arbeitsstellen für andere schaffen, Wohlstand bringen oder dem Leben des Einzelnen oder einer ganzen Gruppe von Menschen Sinn und Ausrichtung geben.

Dieser Funke der Begeisterung kann ansteckend wirken, in Menschen Bewegung setzen, so dass die, die davon erfasst werden, an dem Erfolg der Organisation mitwirken und mit der Organisation ihr eigenes Wachstum vorantreiben wollen.

Auf der Website der Robert Bosch GmbH kann man lesen: **„Der zündende Funke – die Magnetzündung –** Ab 1897 baute Bosch erstmals konstruktiv verbesserte Magnetzünder in Automobile ein und wurde zum einzigen Anbieter einer wirklich zuverlässigen Zündung" [57]

Und weiter kann man lesen: „1902 stellte Boschs Chefentwickler, Gottlob Honold, eine noch bessere Technik vor, den Hochspannungsmagnetzünder mit Zündkerze. Dieses Produkt legte **den Grundstein für Bosch** als weltweit führenden Autozulieferer." [57]

Es heißt wohl nicht umsonst „gründen". Die Umsetzung der Ideen sind die ersten Wurzeln, die die Organisation im Boden verankern, den Grundstein legen, bevor sie aufgebaut wird.

Die meisten haben klein angefangen: die zündende Idee und die ersten Schritte der Umsetzung entstehen, wie auch die Wurzeln des Baumes, im geschützten Raum. Davon erzählen auch viele Geschichten. Eine davon, ist die, von den beiden jungen Absolventen William R Hewlett und David Packard. 1939 bauten die beiden in einer Garage in Palo Alto, in Kalifornien einen Tonoszillator – ein Testinstrument für Toningenieure, bezeichnet als Typ 200 A. Und als das Gerät an die Walt Disney Studios verkauft wurde machte es „Peng". Aus dem kleinen „Garagen-Start-Up" in Palo Alto wurde das Unternehmen ins Leben gerufen, das später als Hewlett & Packard bekannt wurde, eines der größten globalen Unternehmen der Computerbranche.

... für Innovation Die Initiative- und Innovationskraft von Organisationen, die in den Geschichten der beiden Gründer von Hewlett & Packard erzählt wird, trägt einen Teil der Kraft, die das Unternehmen verankert, die das Wachstum vorantreibt, ähnlich wie beim Baum.

So ein Funke war es wohl auch, der bei den 5 Gründern von SAP übersprang, als die Idee entstand, Systeme zu schaffen, mit denen Daten in Echtzeit verarbeitet werden konnten. Aus einem bestehenden System heraus entwickelte sich eine neue Dienstleistung für Unternehmen. Der Samen dafür war der Gedanke, Daten in Echtzeit zu verarbeiten, so dass Unternehmen schneller reagieren können: ein Funke der Innovation, hervorgegangen als neue Erscheinung, als Emergenz; ein Samen, der die Blaupause für einen tiefgreifenden Wandel in sich trug. Wie ein Feuerwerk nahm die Digitalisierung ihren Anfang ...

- Was vermitteln diese Geschichten, dass sie immer weitererzählt werden?
- Warum werden sie nicht vergessen?
- Was ist daran so besonders?

Die Initiativkraft, die von Gründern ausgeht, lässt sie zu Vorbildern werden, an denen andere Menschen sich orientieren und ihre Wurzeln damit verknüpfen. Aus diesen Geschichten entstehen immer wieder neue Ideen und verknüpfen sich zu einem Netzwerk, einem Nährboden für neue Organisationen.
Fragen an Sie als Leser*in:

- Was sind die Wurzeln Ihrer Organisation?
- Was war der Grundgedanke bei der Gründung?
- Welche Möglichkeiten haben Sie in dieser Organisation etwas von Ihren Träumen zu verwirklichen?

2.4 Wachstum beginnt im Verborgenen und braucht Raum

Wachstum beginnt im Verborgenen
Wie schon erwähnt, entsteht die Wurzel im Verborgenen und breitet sich nach allen Richtungen aus: zum Wasser hin, welches sie nährt, während es den Stiel, den späteren Stamm, zum Licht hinzieht. Auf dem Weg an die Erdoberfläche bahnt sich der Sprössling den Weg durch die Hohlräume der Erde. Er wandelt sich in einen Setzling, der in einem ständigen Veränderungsprozess zum Baum heranwächst.

Ähnliches kann man in Organisationen beobachten. Durch kleine Umstellungen der Arbeitsweise, durch Anschaffung neuer Tools und Technologien, durch Weiterbildung der Mitarbeitenden, durch die Einstellung neuer Mitarbeitenden, die neue Ideen, andere Wertvorstellungen und Erwartungen einbringen, entstehen unmerklich Veränderungen. Alle diese Veränderungen liegen auch in der Natur der Dinge und machen die Organisation lebendig. Das Bedürfnis nach Gestaltung ist, wie schon erwähnt, ein Grundbedürfnis der Menschen und beinhaltet unter anderem die Entwicklung neuer Ideen, die Veränderungen einleiten. Diese Veränderungen bewirken im Laufe der Zeit einen Wandel, der zu einer Transformation führen kann. Man denke an die „Spielwiese" – eine Entwicklungsabteilung, in der durch viele Innovationen ein neuer Unternehmenszweig entstanden ist, den das Unternehmen gar nicht erst wahrgenommen hat.

Die Beispiele weiter oben zeigen, wie Innovationen nach längerer Zeit der Entwicklung plötzlich in Erscheinung treten und dann eine Transformation bewirken. Dabei ist das Neue im Ansatz schon lange vorhanden. Es wird aber nicht gesehen, sondern bleibt verborgen, bis es genügend Kraft hat, sich durchzusetzen, ähnlich wie der Setzling, wenn er die Bodendecke durchbricht, um zum Licht zu gelangen oder wie die Wurzeln, die im Boden, im Verborgenen, weiterhin den Setzling nähren, damit er ein Baum werden kann.

Gerade das Beispiel von Hewlett Packard zeigt, dass die Voraussetzungen für das digitale Zeitalter schon sehr früh da waren. Um in einem überschaubaren Zeitrahmen zu bleiben, kann man die Wurzeln der elektronischen Datenverarbeitung in die dreißiger Jahre, bzw. die Mitte des vorigen Jahrhunderts zurückverfolgen. In dieser Zeitspanne entwickelten sich zeitgleich an verschiedenen Orten erste Computer, deren Größe und Verwendung gar nicht ahnen ließ, welche Transformationskraft in ihnen steckte: denn Wachstum beginnt im Verborgenen.

Fragen an die Leser*innen:

* Wie verändert die neue Technologie unser Menschenbild?
* Welche Auswirkung haben die neuen Technologien auf unser Identitätsempfinden?

- Wo bleibt die Verbindung zu unseren Wurzeln als Mensch, als Teil der Natur?
- Welche Form von Kultur entsteht daraus?

Wachstum braucht Raum

Der Keimling, der den Samen verlassen hat, hat die Samenhülle gesprengt, um als Sprössling ins Leben zu kommen. Der neue Gedanke, das neue Produkt, die neue Dienstleistung, bringen eine neue Form ins Leben. Dafür wird eine alte Form, wenn auch nicht gleich, aufgegeben. Es ist interessant zu beobachten, dass der Inhalt der neuen Form schon in der alten Form enthalten war: im Samen ist der Keimling schon da. Er enthält die Blaupause für den ganzen Baum. Eine alte Weisheit sagt: „In den Anfang ist alles gelegt". Welche Blaupause beinhalten die Veränderungen, die wir zurzeit mitgestalten?

Veränderung erfordert immer, etwas aufzugeben, damit etwas Neues entstehen kann. Der Keimling gibt den Schutz des Kernes auf, nimmt aber die Blaupause mit. Übertragen auf die Lemberg Messgerät GmbH könnte man fragen:

- Welcher Grundgedanke der alten Strukturen ist Teil der Blaupause für das Neue, das gerade entsteht?

Auf-Bruch und Auf-Gabe – immer, wenn Veränderungen sichtbar werden, wird eine alte Form aufgegeben, vielleicht sogar zerstört Die neue Idee bricht mit alten Mustern oder Vorgehensweisen und setzt Impulse für Neues. Es ist ein Aufbruch im doppelten Sinne: Zerstörung und Neuanfang zugleich. Eine Weile existieren die beiden Formen parallel, bis das Neue sich durchgesetzt hat: die Pflanze ist gewachsen – bezogen auf die Organisation: die neuen Produkte, Dienstleistungen, etc. haben sich im Markt verwurzelt. Und eine Weile gibt es das Alte auch noch, parallel zu dem neuen Produkt, als immer kleiner werdender Orientierungspunkt, bis das Neue auch Orientierung gibt.

Wie jeder Baum, so ist auch jede Organisation in ein Umfeld eingebettet, ein Umfeld, das ihr Boden gibt, in dem sie verwurzelt ist. Mit diesem Umfeld ist sie in ständigem Austausch; aus diesem Umfeld kommen die Menschen, die in der Organisation arbeiten, die Aufträge und

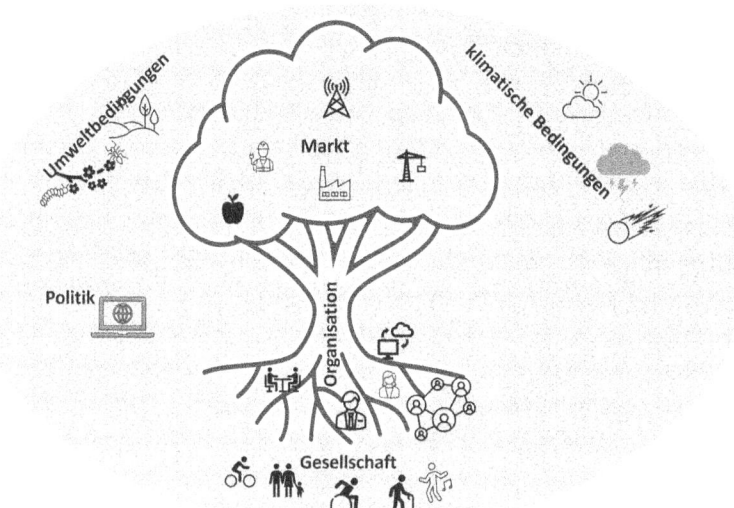

Abb. 2.3 Kontext – Umwelt und Boden von Organisation. (Quelle: eigene Darstellung 2021)

Rohstoffe, die für die Arbeit notwendig sind. Diesem Umfeld dient die Organisation durch ihr Produkt oder ihre Arbeitsleistung (Abb. 2.3).

Viele theoretische Ansätze zu Organisationsentwicklung konzentrieren sich darauf, zu schauen, was innerhalb der Organisation wirkt, was zu Ergebnissen führt, welche Abläufe hilfreich sind, welche nicht (mechanistische Ansätze). Einige Ansätze beschäftigen sich damit, wie Beziehungen gestaltet werden sollten, um einen reibungslosen Ablauf zu ermöglichen (Psychologische Ansätze, Machtansatz, Politikansatz, etc. – siehe Bilder der Organisation von Gareth Morgan) [34].

Was diese Ansätze gemeinsam haben, ist, dass sie die Organisation wie ein geschlossenes System beschreiben. Sie beschäftigen sich vor allem mit den Prinzipien der inneren Gestaltung [34]. In geschlossenen Systemen ist jedoch wenig Raum für Neues, wenig Raum für innovatives Wachstum und Transformation, da die Denkmuster sich nur quantitativ und nicht qualitativ weiterentwickeln. Alle Innovationen, die entstehen, verändern die Form, wenig aber am Inhalt.

Ein Beispiel ist die Entwicklung des Elektroautos, das schon in den neunziger Jahren entwickelt wurde, aber keinen Raum bekam, weil die Hersteller sich lieber auf „mehr vom Gleichen" konzentrierten. Innovationen führen nur kleine Veränderungen am Gewohnten durch: beheizte Rückspiegel, Sitzheizungen, und andere Komfort generierende Elemente, die das Auto nicht wirklich innovativ veränderten. In solchen Organisationen wachsen Wurzeln nicht weiter. Deshalb werden Organisationen ab einer bestimmten Größe träge. Ähnliches lässt sich auch in der Lemberg Messgeräte GmbH beobachten.

Weil eine Veränderung von Denk- und Verhaltensmustern lange dauert und ein neuer Aufbruch aufwändig erscheint, gründen große Organisationen Start-Ups, die sie dann später integrieren.

Diese jungen Unternehmen funktionieren meistens nach den Prinzipien des agilen Managementansatzes und laufen parallel zu den gewachsenen Strukturen. Darin liegt eine große Chance. Die Integration der Start-Ups bietet für die Mitarbeitenden der gewachsenen Organisationen viele Möglichkeiten, die Vorteile neuer Herangehensweisen unmittelbar zu erfahren. Eine solche Integration schafft Raum, die „Natur der Dinge" in ihren Auswirkungen zu erkennen und dann das, was für sie stimmt, zu übernehmen. So kann sich aus gesunden Wurzeln innovativen Denkens ein starker Stamm entwickeln.

Fazit

1. Der Samen enthält die Kraft, die Schale zu sprengen. Jede Organisation hat ein Potenzial an Ideen, welche die Triebkraft für neue Entwicklungen enthalten.
2. Der Samen keimt nur unter bestimmten Bedingungen. Neue Ideen können nur dann verwirklicht werden, wenn sie wahrgenommen, aufgegriffen und weiterverfolgt werden.
3. Wurzeln wachsen im Dunkeln und neue Ideen entstehen meistens im kleinen Raum, der ihnen den Schutz zu reifen bietet.
4. Wurzeln breiten sich als Netzwerk im Boden aus. Neue Ideen brauchen Offenheit, Initiativkraft und Mut, sich auf Neues einzulassen, und sie brauchen ein unterstützendes Netzwerk.
5. Das Alte enthält die Grundidee für das Neue, so wie der Samen die Blaupause für die Pflanze enthält.

6. Es ist ein natürliches Gesetz, dass Altes, in Zeiten des Übergangs, eine Weile parallel zum Neuen weiterbesteht. Das Alte kann Wissen enthalten, das für die Zukunft notwendig ist.
7. Damit ein Baum wachsen kann, braucht er Raum. Auch die Entwicklung neuer Ideen braucht Raum, damit diese sich entfalten und lebendig werden können.

Anmerkungen

1. **Emergenz** (lateinisch *emergere* „Auftauchen", „Herauskommen", „Emporsteigen") bezeichnet die Möglichkeit der Herausbildung von neuen Eigenschaften (Systemeigenschaften) oder Strukturen eines Systems infolge des Zusammenspiels seiner Elemente [56].
2. S. 301: Sie lieferten Beweise dafür, dass der Kohlenstofftransport mehr war als ein Zufall, mehr als eine zufällige Folge des Nährstoffaustauschs war. Nein, meine Bäume bewiesen, dass sie damit sehr wohl eigene Interessen verfolgten. Immer und immer wieder zeigten die Experimente, dass Kohlenstoff von einem Produzentenbaum zu einem Verbraucher wanderte – von einem reichen zu einem armen – und dass die Bäume auf irgendeine Weise steuern konnten, wohin wie viel Kohlenstoff transferiert wurde."
3. S. 304

3

Der Stamm – Sinnbild für Stabilität und Vereinbarung von Gegensätzen

Der alte Birnbaum. (Quelle: eigenes Foto)

U. Schullerus, *Organisationsentwicklung im Spiegel der Natur*, https://doi.org/10.1007/978-3-658-45064-9_3

Zusammenfassung Verankert durch die Wurzeln wächst der Stamm als Verbindung zwischen Wurzel und Krone, zwischen zwei gegensätzlich wachsenden Bereichen. Als Verbindung zwischen Gegensätzen wird im Stamm der Prozess des Durchflusses der Nahrung in beide Richtungen koordiniert und dadurch das dynamische Gleichgewicht – Fließgleichgewicht – für den Baum insgesamt gesichert. Eine Auseinandersetzung mit dem Fließgleichgewicht führt zu der Erkenntnis, dass Gegensätze nicht unbedingt trennend wirken müssen, sondern, richtig genutzt, zur Stabilität beitragen. Wir folgen der Bedeutung des Rhythmus in Organisationen und schauen auf Kompetenzen, bzw. auf Rahmenbedingungen, die für den Erhalt des Fließgleichgewichtes notwendig sind. In der Geschichte der Lemberg Messgeräte GmbH begegnen wir dem Geschäftsführer Marc, dem Stammhalter der Organisation. Er reflektiert darüber, wie er die Organisation zusammenhalten kann und holt sich Hilfe bei der Organisationsentwicklung. Jonas, Techniker und Leiter im Vertrieb, erkennt unterschiedliche Rhythmen und Lea kämpft mit der Datenflut.

Marc, der alte Birnbaum und die Digitalisierung

Marc blickte aus dem Fenster und sah den Birnbaum, den der Großvater gepflanzt hatte, als Marcs Vater geboren wurde. Er stand am Wegrand, kurz bevor der Weg in den Wald führte. Auf der Feldseite unter dem Baum war eine Bank, auf der er oft saß. Hier konnte er gut seinen Gedanken nachgehen. Ihm war, als ob, wenn er hier auf der Bank saß, die Gespräche mit dem Großvater und dem Vater weitergingen.

Groß und mächtig stand er da, der Baum, ein alter Riese, dessen Krone wie ein großer Hut auf dem mächtigen Stamm saß. In der Mitte eine Verdickung der Rinde, wie eine Nase und weiter oben ein Astloch – das Auge – genau unter den Astansätzen. Die Krone, ein Hut, machte ihn zum Hüter der Wiese, der schon immer dagestanden hatte, Wind und Wetter zum Trotz. Das erinnerte ihn an seinen Vater und an den Großvater, von denen er das Unternehmen übernommen hatte. Wie dieser Baum, waren sie die Garanten für Stabilität und Sicherheit der Arbeitsplätze gewesen. Heute hatte er diese Verantwortung und er fragte sich, konnte er, Marc, das heute auch noch sein?

Die Zeiten waren schwierig, die Konkurrenz groß, die Rohstoffe immer knapper und nun kam noch das Energie- und Klima-Umweltproblem dazu. Der Großvater hatte nach dem Krieg die Lemberg Messgeräte GmbH aufgebaut und sich damit einen Namen gemacht. Er hatte die Geräte noch selbst entworfen und mit einigen wenigen Technikern in der Werkstatt zusammengebaut. Als die Nachfrage größer wurde, musste er eine Produktionsstätte einrichten. Zuerst wurde alles noch von Hand zusammengestellt. Dann kam das Fließband und mit ihm auch der Neubau. Der Großvater hatte es schon eingeführt. Das hatte viel erleichtert. Der Vater hatte auch noch gelernt, die Geräte selbst zu bauen und nach einigen Jahren musste auch er sich umstellen, denn die Entwicklung von mechanischer auf elektronische Messtechnik erforderte eine Erneuerung der Geräte. Viele mechanische Funktionen wurden nun durch elektronische Lösungen ersetzt. Für das kleine Unternehmen, das mittlerweile als mittelständisch galt, bedeuteten die Neuerungen eine Umstellung der Prozesse: neue Herstellungsabläufe, neue Entscheidungswege, Neuordnung der Verantwortungsbereiche, andere Einkäufe, andere Rohstoffe, veränderte Lieferketten, mehr Lieferteile, neue Kooperationen. Es bedeutete mehr Umsatz, aber auch neue Qualifikationen, neue Mitarbeiter. Der Vater hatte oft Nächte lang an diesem Schreibtisch gesessen und die Struktur der Organisation als Ganzes neu gedacht, sich bis spät in die Nacht mit anderen beraten. Hin und wieder hatte er ihn, Marc, mit einbezogen.

Wie oft waren sie den Weg zum Wald gegangen, am Birnbaum vorbei, durch den Wald und wenn sie dann zurückkamen, hatten sie auf der Bank gesessen und sich ausgetauscht oder auch zusammen geschwiegen. Vom Vater hatte er viel über Bäume gelernt, denn der Vater arbeitete gern mit Holz. Die Geräte, die sie herstellten, hatten oft einen Holzteil, und das Holz stammte aus ihrem Wald.

Der Vater hatte ihm erzählt, wie der Baum wächst, sich gegen Wetter und Feinde schützt. Er hatte ihm erzählt, wie im Kernholz Substanzen entstehen, die das Splintholz bei Wind verdichten und stärken, wie Aromen und Harze gegen Schädlinge produziert werden. Alles klang wie ein wunderbares Zauber-Labor, das von allein funktionierte. Welch eine großartige Organisation! Wie machte der Baum das? Wie schaffte er es, seine Prozesse ständig auf neue Gegebenheiten abzustimmen?

Marc ließ den Stift sinken – zwei Bereiche – ein wenig wie in der Firma: die „Spielwiese", wo ganz viele Daten verarbeitet wurden, wo es hin und her ging, in einer unüberschaubaren Dynamik, die immer chaotisch wirkte. Ein wenig wie das Splintholz? – Und dann der andere Teil, wo alles seinen geordneten Gang nahm, jeder wusste, was zu tun war, und jeder seiner Arbeit nachging. Man ging zum Kunden, besprach, was zu tun war und kam zurück und schraubte, lötete, setzte Teile ein... Da war es ruhig und alles klar strukturiert. Wie das Kernholz?

Wenn er zur Spielwiese ging, weil sie wieder eine Idee hatten, dann kam er sich wie in einem Bienenstock vor: Überall wurde telefoniert, in einigen Ecken saßen sie zusammen und spielten Schach mit bunten Zetteln, gespickt mit vielen Ideen. Die Pläne sahen aus wie die Wände im Kindergarten, wo er seine Enkeltochter manchmal abholte. Merkwürdig, dass gerade aus diesem Chaos neuer Umsatz entstand.

Er hatte schon verstanden, dass die Technologie es ermöglichte, Messmodule in die Apparatur direkt einzubauen. Die „Spielwiese" hatte diese
Idee aufgegriffen und damit ein neues Geschäftsfeld aufgetan. Ein Glück –
und gleichzeitig brachte es ganz viel Unruhe in das bisher so stabile Unternehmen.

Er dachte an den Vater und auch an den Großvater. Jeder von den beiden hatte eine große Veränderung durchgeführt, weil sie mit der Zeit
mitgehen wollten. War jetzt seine Zeit gekommen, das Unternehmen wieder einmal zu verändern? Musste wirklich jede Generation das tun? Wie
konnte er die Stabilität aufrechterhalten, wenn es im Unternehmen so
viele Spannungen gab?

Ja, Lea, die Leiterin der „Spielwiese" hatte nicht Unrecht, das war die
Zukunft.

Aber konnte er denen, die so lange Jahre das Unternehmen gestützt
hatten, einfach sagen, dass sie „ausgemustert" werden sollten, dass ihre
Qualifikationen nicht mehr taugten? Und was wäre dann mit den noch
nicht eingebauten Messgeräten, die ja auch noch verwendet wurden?

Draußen wehte ein starker Wind und Marc sah, wie der alte Baum sich
vom Wind beugen ließ und doch stehen blieb. Und als der Wind nachließ,
stand er wieder kerzengerade da.

„Biegsam und flexibel, weil Splintholz – kerzengerade und aufrecht,
weil Kernholz – einfach stabil durch Gegensätze" – dachte Marc. Er war
sehr nachdenklich geworden. Fragen über Fragen schwirrten in seinem
Kopf:

• Wie konnte er das in seinem Unternehmen erreichen?
• Was musste geschehen, dass sie mit dem Ansturm an Aufträgen für die
  neuen Produkte standhalten konnten, mit den Neuanfragen mitgehen
  und gleichzeitig den gesunden Kern und die Stabilität bewahren konnten?
• Gäbe es eventuell eine Möglichkeit der gegenseitigen Unterstützung?
• Was wäre dann die Brückenmöglichkeit?

3.1 Unterschiedlichkeit kann trennend oder ergänzend wirken

Der Stamm trägt die Krone und verankert sie in den Wurzeln. Manche
bezeichnen den Stamm als Rückgrat des Baumes. Die beiden Gewebe
des Splintholzes und des Kernholzes sind miteinander verbunden und
– aufgabenbezogen – in ständiger Kommunikation, so dass die Zusammenarbeit trotz großer Unterschiedlichkeit funktioniert. Gleichzeitig
erfüllt jeder Bereich eigene Aufgaben, unabhängig von dem anderen Bereich.

Während das Splintholz die Säfte aus den Wurzeln in die Krone transportiert und aus der Krone die Glukose zu den Wurzeln bringt, werden im Kernholz Substanzen, Öle und Harze produziert, die der Baum braucht. Für diese verschiedenen Aufgaben in Splint- und Kernholz bedarf es unterschiedlicher Strukturen im Holzgewebe: ein flexibles biegsames Gewebe im Splintholz und ein dichteres Gewebe im Kernholz. Dennoch sind die beiden Zellgewebe von Kernholz und Splintholz miteinander verbunden, wirken nebeneinander und unterstützen einander bei Bedarf.

Auch in Organisationen ist das, was man als Rückgrat bezeichnen könnte, zwiefältig: einerseits die vorgegebenen Rahmenbedingungen, Strukturen und Abläufe, andererseits die Leistungs- und Verantwortungsträger, Menschen, welche diese Abläufe innerhalb der Struktur koordinieren und steuern. Die Herausforderung ist, Menschen und Strukturen in Einklang zu bringen, damit sie so zusammenwirken wie Splintholz und Kernholz im Stamm des Baumes Abb. 3.1.

Das Splintholz koordiniert den Durchfluss der Nahrung
Die Zellen des Splintholzes leiten und regeln den Durchfluss der Nährstoffe zwischen Wurzeln und Krone in beide Richtungen. Das Ventilsys-

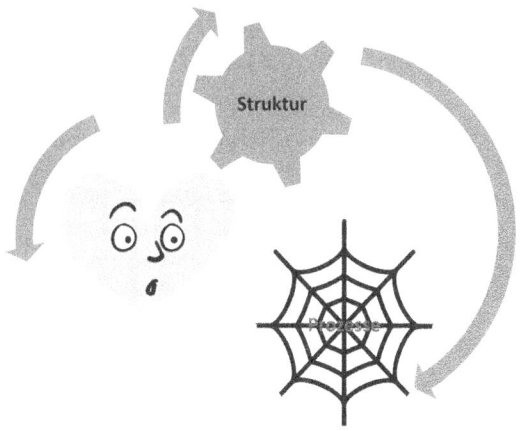

Abb. 3.1   Die Herausforderung für Organisation: Menschen, Struktur und Prozesse in Einklang zu bringen. (Quelle: Eigene Darstellung 2020)

tem im Splintholz öffnet bzw. schließt sich je nach Rhythmen der Jahres- oder Tageszeit. Es passt den Durchfluss dem Wechsel von Kälte und Wärme, von Licht und Dunkelheit, von Feuchtigkeit und Trockenheit an. Auf diese Weise wird der Durchfluss der Säfte im Baum zwischen Wurzel und Krone gesteuert. Dieser Prozess wird nicht allein auf die atmosphärischen Bedingungen abgestimmt, sondern passt sich ständig auch den Bedingungen im Boden an. Jeder Wechsel von Temperatur, Feuchtigkeit, Licht wird weitergegeben. Jede Veränderung im Boden wird „gemeldet", so dass Krone bzw. Wurzeln auf die Veränderungen reagieren können, unter anderem durch die Unterstützung des Stammes, der wichtige Informationen weiterleitet. Was hier geschieht, ist im Prinzip vergleichbar mit Prozesskoordination und Ressourcensteuerung in Organisationen.

Das Kernholz produziert schützende Substanzen
Angesichts dieser Dynamik von hoher Anpassungsfähigkeit wirkt das stillere Pulsieren innerhalb des Kernholzes fast wie eine andere Welt, die Erwin Thoma als „beschauliche Beständigkeit in allen Vorgängen" [44] bezeichnet. Das Kernholz hält den Baum durch seine Dichte aufrecht und stützt das Splintholz, wenn es starken Erschütterungen ausgesetzt ist. Weht der Wind von einer Seite besonders stark, schickt das Kernholz verstärkende Substanzen an das Splintholz, so dass der Stamm dem Wind standhalten kann, ohne zu brechen. Im Kernholz werden zudem die Abwehrkräfte des Baumes hergestellt, mit Hilfe derer er sich gegen Angriffe von Schädlingen oder Tieren schützen kann. Schädlinge, die es schaffen, durch die Borke einzudringen, werden durch Harze oder andere Substanzen, die der Baum herstellt, aufgehalten. Akazien in der Savanne senden Bitterstoffe in die Blätter, sobald Giraffen von den Bäumen fressen. Außerdem werden Botenstoffe über die Wurzeln an andere Bäume gesandt, damit sie gewarnt sind und die Abwehr starten können. Durch die Tätigkeit des Kernholzes wird im Baum das Sicherheitssystem koordiniert.

Unterschiedliche Bereiche können miteinander-nebeneinander gut funktionieren, wenn sie auf ein gemeinsames Ziel ausgerichtet sind
Ähnlich wie beim Baum gibt es in jeder Organisation Bereiche mit unterschiedlicher Struktur und unterschiedlicher Dynamik. Diese Unter-

schiede liegen oft in „der Natur der Dinge", bzw. in der Natur der Aufgabenstellungen: Bereiche mit Kundenkontakt sind viel dynamischer als Bereiche, in denen reine Sachbearbeitung stattfindet. Die Unterschiedlichkeit wird durch die Vielfalt in der Persönlichkeit der Menschen, die in diesen Bereichen arbeiten, verstärkt: Menschen, die gerne mit und für Kunden arbeiten, sind von der Persönlichkeit her in ihrem Denken und Verhalten anders als Menschen, die es vorziehen in der Verwaltung tätig zu sein. Sie haben andere Vorstellungen von Arbeit, ihnen sind andere Dinge wichtig, sie sind durch andere Wünsche motiviert. Diese Unterschiedlichkeit erzeugt zwischen den Abteilungen bzw. Organisationsbereichen Spannungsfelder, die einerseits befruchtend sind, andererseits aber auch lähmende Auswirkungen haben können. Hinzu kommen Konkurrenz- und Statusdenken, sowie ein enges, nur auf den eigenen Bereich konzentriertes Denken.

Die Verschiedenartigkeit der Denkmuster verstärkt die Schwierigkeiten in der Zusammenarbeit zwischen den verschiedenen Bereichen. Man spricht von Abteilungsegoismen und vom Schutz der eigenen Domäne. Eine ausgeprägte Ausrichtung auf den eigenen Bereich entspricht der Dynamik eines geschlossenen Systems, eine Dynamik, die trennend wirkt und den Arbeitsfluss der gesamten Organisation stören kann.

Am Beispiel der Lemberg Messgeräte GmbH kann Ähnliches beobachtet werden. Status- und Konkurrenzdenken verhindern, dass die beiden Bereiche miteinander kommunizieren. Vielmehr sorgen sie dafür, dass diese sich eher gegeneinander abschotten. Das wirkt sich nachteilig auf den Erfolg des Unternehmens aus und schafft ein großes Spannungsfeld, an dem die Organisation zu zerbrechen droht. Der eine Bereich, „die Spielwiese", entstanden durch Innovationen, treibt die Neuerung voran. Der andere Bereich, die konventionellen Messgeräte, erscheint als Bewahrer alter Werte.

Der eine Bereich in ständigem Kontakt mit dem Kunden, flexibel und anpassungsfähig, agil, der andere Bereich festgelegt auf klare Überzeugungen von dem, was der Kunde braucht. Der eine Bereich im Aufstieg – noch nicht profitabel, dennoch sehr erfolgreich, der andere Bereich nicht mehr so profitabel und mit verblassendem Erfolg.

Die Arbeit ist nicht auf ein gemeinsames Ziel ausgerichtet, wie beim Baum, sondern sie beschränkt sich auf die Erledigung der eigenen

Aufgaben. Die Erfahrung aus der realen Arbeitswelt zeigt immer wieder, dass es Mitarbeitenden nicht klar ist, dass alle zusammen für das Ergebnis der Organisation arbeiten, und dass dieses Ergebnis nur gemeinsam erreicht werden kann.

Vergleichen wir diese Situation mit der Situation im Baum:

- Was wäre, wenn das Kernholz sagte: „Wenn der Sturm kommt, unterstütze ich das Splintholz nicht mehr mit zusätzlichem Lignin!"?
- Was wäre, wenn das Splintholz sagte: „Wir geben einen Pumprhythmus vor, egal was da draußen in der Krone oder unten in den Wurzeln passiert!"?
- Wie könnte Marc das Dilemma lösen?
- Was liegt in der Natur der Dinge? Was könnte / sollte anders sein?

In den beiden Bereichen sind nicht nur die Strukturen verschieden, sondern auch die Vorstellungen von Aufgaben und von dem, was wichtig ist. Diese Vorstellungen sind Teil der Kultur des jeweiligen Bereiches, die zu den Wurzeln der Organisation gehört.

Im Baum arbeiten Splintholz und Kernholz zusammen, in Verbindung mit den Informationen, die sie aus Wurzeln und Krone erhalten. Es entsteht ein Netzwerk zwischen den Bereichen. Die Zusammenarbeit geschieht durch Vernetzung im gegenseitigen Austausch von Informationen.

- Was würde die Situation in der Messtechnik GmbH verändern, wenn Marc den Gedanken des Netzwerkes aufgreifen würde?
- Wie tragen die Menschen durch ihre Denk- und Verhaltensmuster zur Situation bei? Abb. 3.2

Abb. 3.2 Denkmuster. (Quelle: Eigene Darstellung 2022)

Was bedeutet dieses Spannungsfeld für die Führungskräfte?
Mit unterschiedlichen Denkweisen umzugehen ist für jede Führungskraft eine große Herausforderung. Es erfordert ein hohes Maß an Flexibilität und Bereitschaft, sich auf Andersartigkeit einzulassen. Im Umgang mit Kulturen stellt man oft drei Fragen:

* Muss ich so werden wie der andere?
* Muss der andere so werden wie ich?
* Gibt es eine Schnittmeng über die wir einander begegnen können?

Um diese Schnittmenge zu finden, ist ein Denken in Vernetzungen hilfreich und kann die Situation auf der Handlungsebene entspannen. Die
Fähigkeit, scheinbare Gegensätze auszugleichen, durch das Betrachten
des erweiterten Kontextes, kann als **Ausgleichskompetenz** bezeichnet
werden.

Ausgleichskompetenz
Ausgleichskompetenz definiert folglich die Fähigkeit, scheinbare Gegensätze auszugleichen. Dabei wird die Wechselwirkung zwischen den ver-
meintlichen Gegensätzen angeschaut und die Auswirkung dieser Wechselwirkung auf den gesamten Kontext betrachtet.
    Das erfordert eine ganzheitliche Betrachtung des gesamten Kontextes,
der gesamten Situation und ein Verständnis der Dynamiken. Ausgleiche
sind nicht immer linear. Sie können über Kreisläufe zustande kommen.
    Ausgleichskompetenz erfordert eine dynamische Perspektive, die Fä-
higkeit, Dinge nicht isoliert zu betrachten, sondern in Beziehung zu setzen, wahrzunehmen, wie die Dinge / Situationen miteinander in Verbindung / Interaktion treten. Es erfordert ein Herausfinden von Unterschieden, Gemeinsamkeiten, Möglichkeiten der Ergänzung, all dessen, womit
eine gemeinsame Basis erstellt werden kann. Zudem erfordert es die Fähigkeit, die Situation im größeren Kontext zu betrachten, sich zu fragen:

* Wie bedingen sich scheinbare Gegensätze?
* Wie wirken sie zusammmen,
* Was ist das Ergebnis der Wechselwirkungen?
* Wie wirkt es sich auf den gesamten Kontext aus?

Ausgleichskompetenz kann hilfreich sein, unterschiedliche Persönlichkeiten auszuhalten und die Zusammenarbeit zwischen ihnen zu ermöglichen.

Ein weiterer Themenbereich sind unterschiedliche Strukturen, mit denen Führungskräfte umgehen müssen: z. B. Linienstruktur und Projektstruktur oder Matrixstruktur. Oft sind diese parallel vorhanden und es bedarf immer wieder der Fähigkeit, die Spannungsfelder auszugleichen, die aus der Verschiedenartigkeit der Strukturen entstehen.

Ein weiteres Beispiel, das zurzeit viele Organisationen beschäftigt, ist die Parallelität von digitalen und nicht-digitalen Strukturen. Die Koexistenz von diesen verschiedenen Strukturen erzeugt, wie wir in unserem Beispiel sehen konnten, Spannungsfelder, durch welche die Abläufe beeinträchtigt werden, wenn sie nicht konstruktiv genutzt werden. In unserem Beispiel ist die Stabilität der Organisation gefährdet.

Auch für solche Situationen ist Ausgleichskompetenz hilfreich, weil sie Gegensätze aushalten kann und die Möglichkeit gibt, Ausgleiche zu finden, da wo gegensätzliche Strukturen nicht zusammenwirken können.

Splintholz und Kernholz bewirken zusammen, dass der Baum im Sturm stabil bleibt. Dennoch hat jeder Teil seine eigene Aufgabe. Die beiden Abteilungen Messgeräte und „Spielwiese" funktionieren unterschiedlich. Gleichzeitig können sie durch gute Koordination zur Stabilität der Lemberg Messgeräte GmbH beitragen. Verluste in einem Bereich können zeitweise durch Gewinne im anderen Bereich ausgeglichen werden. Zudem kann Erfahrungswissen immer wieder Lücken im neuen Wissen ausgleichen. Dadurch kann das Fließgleichgewicht der Organisation aufrecht erhalten bleiben.

• Was muss sich ändern, dass Altes und Neues *miteinander* funktioniert?

Fazit

1. In dynamischen Systemen entsteht Stabilität aufgrund des Zusammenwirkens unterschiedlicher Strukturen.
2. Durch unterschiedliche Strukturen entsteht eine Dynamik, die ergänzend oder trennend wirken kann.

3. Wird die Dynamik über ein gemeinsames Ziel gesteuert, können die Dynamiken nebeneinander und zugleich miteinander arbeiten.
4. Unterschiedliche Herangehensweisen ermöglichen flexible Reaktionen auf Impulse. Dadurch kann eine Grundstabilität des Systems gesichert werden.
5. Altes und Neues können parallel nebeneinander existieren.

3.2 Vernetzung und Fließgleichgewicht

Lebendige Organismen stehen in einem ständigen Austausch mit der Umwelt. Durch diesen Austausch entsteht ein offenes System, welches sein Gleichgewicht – und damit die Stabilität des Systems – ständig neu herstellt. Im Baum wird dieses Gleichgewicht zwischen Krone und Wurzeln durch den Stamm gewährleistet. Es ist ein fließendes, dynamisches Gleichgewicht, das durch ständigen Zu- und Abfluss immer wieder neu entsteht. Ludwig von Bertalanffy formulierte zum ersten Mal den Begriff des *dynamischen Gleichgewichtes* offener Systeme und nannte es *Fließgleichgewicht*.[1]

Fließgleichgewicht [67] stellt sich in offenen Systemen ein, die mit ihrer Umgebung Materie oder Energie austauschen. Es ist durch die Konstanz einer Größe charakterisiert, die durch primäre Regulation (Rückwirkungen, die auf einfachen Prinzipien der Kinetik und Thermodynamik beruhen) bewirkt wird. Homöostatisches Gleichgewicht ist ebenfalls ein Fließgleichgewicht, stellt sich in offenen Systemen durch sekundäre Regulation ein. Diese Systeme sind mit einem speziellen Informationssystem ausgestattet, das eine negative Rückkopplung bewirkt.

Die Erhaltung des Fließgleichgewichtes erzeugt eine ständige Dynamik, die sich je nach Impuls immer wieder verändern kann. Gleichzeitig gibt es ein Grundfließgleichgewicht, das von den Rhythmen des Umfeldes gesteuert wird: Tag und Nacht, Winter und Sommer, Regen- und Trockenzeit. Der Baum hat ein Gedächtnis für Rhythmen und handelt danach.

Als Beispiel kann der Feuchtigkeitsaustausch zwischen Baum und Umwelt bzw. Krone und Wurzeln gesehen werden: Ist die Luft zu trocken, schließen sich die Spaltöffnungen in den Blättern und bewirken, dass sich auch im Stamm die Ventile verengen (= negative Rückkoppelung), so dass weniger Wasser durchdringt. Der Pumpeffekt wird gedrosselt, der Wasserverbrauch wird herabgesetzt, die Dynamik verlangsamt. Sobald sich die Luftfeuchtigkeit ändert, ändert sich die Tätigkeit der Spaltöffnungen in den Blättern. Die Ventile im Stamm öffnen sich wieder. Der Rhythmus des Durchflusses passt sich den neuen Gegebenheiten an.

Das ist nur *ein* Vorgang, der zeigt, wie durch Fließgleichgewicht Schwankungen in der Zu- und Abfuhr der Ressourcen vom Baum aufgefangen und an Rhythmen angepasst werden.

Fließgleichgewicht in Organisationen
Organisationen sind lebendige dynamische Systeme, die in ihren Prozessen auf ein funktionierendes Fließgleichgewicht, so wie an gut funktionierende Rhythmen angewiesen sind. Ein Beispiel aus dem Alltag: Jeder kennt die Situation, dass der Drucker nicht funktioniert, weil die Druckerpatrone ersetzt werden muss. Es dauert zwei Wochen, bis die Genehmigung vom Einkauf gegeben wird, weil der/die Sachbearbeiter*in aus dem Einkauf überlastet ist. Ein klassisches Beispiel von einem nicht funktionierenden Fließgleichgewicht in der Organisation. Steuerung und Koordination der Abläufe obliegt den Menschen. Sie können durch ihr Handeln oder Nichthandeln das Fließgleichgewicht beeinflussen.

Hier zeigt sich ein fundamentaler Unterschied zum Baum: Im Baum sind die Prozesse durch den großen Kreislauf der Natur mitgesteuert. Die Kreisläufe der Natur funktionieren in bestimmten Rhythmen. Jeder Kreislauf hat seine eigene Dynamik, seinen Rhythmus. Es konnte nachgewiesen werden, dass Bäume nachts schlafen [58], dass der Durchlauf der Säfte in einem bestimmten Rhythmus durchgepumpt wird, den man als Herzschlag der Bäume bezeichnet [59]. Forscher fanden auch heraus, dass Bäume nur phasenweise wachsen. Das bedeutet, dass die

Dynamik im Baum einem Rhythmus folgt, als Antwort auf einen anderen Rhythmus aus der Natur. Das Zusammenwirken dieser Rhythmen erhält das natürliche Fließgleichgewicht der Umwelt. Die Tabelle weiter unten veranschaulicht, welche Faktoren beim Fließgleichgewicht in Wechselwirkung treten.

Siehe Tab. 3.1.

- Was würde sich ändern, wenn in der Koordination von Prozessen der Erhalt des Fließgleichgewichtes mitberücksichtigt würde?

Dieser Gedanke ist nicht neu, denn an Fließbändern wird schon danach gehandelt und die digitalen Prozesse funktionieren ähnlich. Zudem gibt es Konzepte dafür in der Kreislaufwirtschaft [60].

- Ist das eine Richtung, die weiterverfolgt werden könnte?
- Was muss passieren, um zu verstehen, dass Prozesse einen eigenen Rhythmus haben?
- Welche Rhythmen kommen in einem komplexeren Prozess zusammen?
- Wie kann Einfluss genommen werden, wenn Rhythmen koordiniert werden müssen?

Vernetzung – Grundprinzip der Digitalisierung und der Natur
Die neuen digitalen Technologien kennen das Fließgleichgewicht – z. B. Klimaanlagen – Thermostate regeln die Funktion der Anlage, je nach Veränderung der Temperatur im Außen. Die Vision der Organisationsgestaltung für Industrie 4.0, des digital aufgestellten Unternehmens, beruht auf dem Mechanismus eines sich ständig herstellenden Fließgleichgewichtes, das sich auf vier grundlegende Organisationsprinzipien stützt [61]:

1. Vernetzung
2. Informationstransparenz
3. Technische Assistenz
4. Dezentrale Entscheidungen

Tab. 3.1 Faktoren, die das Fließgleichgewicht mitbestimmen

Fließgleichgewicht Faktoren	Baum	Organisation
Ressourcen	Wasser, Nährstoffe, Sonnenlicht	Ausgewogene Verteilung von Ressourcen: Personal, Budget, Technologie, für ein reibungsloses Ineinandergreifen der Abläufe
Effizienz	Ein ausgewogener Ressourcenverbrauch wird durch ständige Abstimmung gewährleistet	„Alle Prozesse sollten effizient gestaltet sein, um Zeit und Ressourcenverschwendung zu minimieren"
Kommunikation	Kommunikation über Wurzeln, chemische Stoffe, elektrische Signale, System von Sensoren	„offene transparente Kommunikation zwischen den Mitarbeitenden und den Abteilungen ist entscheidend für ein reibungsloses Funktionieren der Organisation"
Zusammenarbeit	Zusammenarbeit in den Wurzeln mit Pilzen und Mikroorganismen, anderen Bäumen Zusammenarbeit im Außen mit Vögeln und Insekten, Wind Zusammenarbeit Wurzeln-Stamm-Krone durch das „Pumpsystem" im Stamm	Teamwork und Zusammenarbeit sind wichtig, um sicherzustellen, dass alle Mitarbeitenden an einem Strang ziehen und gemeinsame Ziele verfolgen
Flexibilität	Der Baum reagiert ständig auf Impulse von außen und auf Impulse aus dem Boden. Er stellt seine Prozesse ständig auf die sich verändernden Bedingungen ein	„Organisationen müssen flexibel sein und sich schnell an veränderte Marktbedingungen oder interne Herausforderungen anpassen können"
Führung		Um das Fließgleichgewicht zu steuern, bedarf es einer Führung, die ein dynamisches Verständnis von Prozessen hat und nicht hierarchisch denkt

Es ist verblüffend zu sehen, dass diese vier Elemente sich im Baum auch wieder finden. Der innere Bereich des Baumstammes erinnert teilweise an die Konzepte einer 4.0 Fabrik.

Mit dem Stamm, der Krone und den Wurzeln vernetzt, verfügt der Baum über ein ausgeklügeltes Informationssystem. Der Stamm reagiert auf die Signale von beiden, auf die der Wurzeln und auf die von der Krone. Damit funktioniert die Kommunikation unmittelbar. Wie in der vollständig digitalen Fabrik, werden im Baum Essenzen hergestellt, die der Baum braucht, sei es für Angriffe von Schädlingen, Stürmen, seien es Substanzen, die sein Wachstum fördern oder Prozesse steuern. Es ist eine vollständige Vernetzung von Informationen, die dezentral über Rückkoppelungsschleifen gesteuert wird. Die Rückkoppelungsschleifen verbinden Wurzeln, Stamm und Krone durch ein Netz von Sensoren, in allen drei Bereichen. Dieses Netz von Sensoren kann man als Entsprechung der technischen Assistenz in der digitalen Struktur betrachten.

Die digitale Vernetzung, eine Struktur der Zukunft, findet sich in einem Modell aus der Natur wieder.

* Spiegelt sie uns eine Vernetzung, die wir nur vergessen haben?
* Nutzen wir die Vernetzung, um etwas über Ganzheit zu verstehen?
* Nutzen wir die Vernetzung, um noch mehr Materie zu produzieren?

Unabhängig davon, ob digital oder konventionell, finden wir in der Organisation die Vernetzung auf zwei Ebenen wieder. Es sind einerseits die digitalen Systeme, Plattformen, Maschinen, Geräte, über die das Netz aufgebaut wird und andererseits sind es die Menschen, die mit diesem Netzwerk arbeiten. Die Plattformen ermöglichen den Austausch von Informationen über das Netz, durch die das Fließgleichgewicht in Gang gehalten wird.

Die Lebendigkeit einer Organisation entsteht durch die Menschen, durch die Dynamik, mit der sie Prozesse steuern und überwachen. Ihre Aufgabe ist es, die Impulse (Aufträge, Zusammenarbeit, Kundenwünsche etc.) von außen und die Ressourcen im innen so zu lenken, dass das Fließgleichgewicht erhalten bleibt. Die Menschen erfüllen Koordinationsaufgaben, ähnlich wie die Zellen des Splintholzes oder die des

Kernholzes im Stamm. Diese Koordinationsaufgaben sind direkt an einen Informationsaustausch mit dem Netzwerk gebunden, sowie an den Informationsaustausch untereinander.

Für die Handelnden ist dieser Prozess komplex, weil viele verschieden Tätigkeiten koordiniert werden müssen, damit sie effektiv zusammenwirken und das gewünschte Ziel erreichen. Die digitalen Strukturen erleichtern diese Koordination, weil sie mehr Möglichkeiten haben, auf verschiedene Impulse zu reagieren.

Für diese Situation bedarf es einer guten Einschätzungskompetenz derer, die die digitalen Prozesse steuern.

Einschätzungskompetenz

Die Fähigkeit einzuschätzen, wann der Augenblick gekommen ist zu handeln, ist in Zeiten, in denen Routinen und Rhythmen sich verändern besonders wichtig. **Einschätzungskompetenz,** ermöglicht in Zeiten der Veränderung, in Prozessen das Fließgleichgewicht wieder herzustellen. Der Baum hat dafür ein Sensorium, das es ihm möglich macht, die richtigen Abwehrsubstanzen für Schädlinge einzusetzen.

In Organisationen im Transformationsprozess ist es eher die Aufgabe der Menschen, einzuschätzen, wann der richtige Zeitpunkt zum Handeln gekommen ist. Das setzt vernetzt analytisches Denken voraus, verbunden mit intuitiver Erkenntnis. In der Antike und auch heute noch ist es bei indigenen Völkern eine wichtige Fähigkeit, die vor allem Weisen zugesprochen wird. Die Griechen nannten sie METIS.

In der griechischen Philosophie bezeichnet der Begriff Metis implizites Wissen, ein inneres Wissen aus Erfahrung, das sich durch Intuition zeigt. Erfahrung und Intuition ermöglichen ein Wissen aus einem tieferen Verständnis für die Dinge, für grundlegende Zusammenhänge. Es ist ein Wissen jenseits von Konzepten – „trans Form". Es schließt das Wissen um Konzepte nicht aus, orientiert sich jedoch an dem Kontext und den Zusammenhängen. Es ist nicht als fertige Form abrufbar, sondern entsteht in dem Augenblick, in dem es gebraucht wird, manche nennen es auch Weisheit.

Konzepte sind in Form gebrachtes Wissen, Metis ist die dafür notwendige Datenbank. In Zeiten der Transformation braucht es Menschen, die einen guten Zugang zu Metis haben, die aus Erfahrung und Wissen die Situation einschätzen können „wann die Zeit des Aufgehens der Blüten" gekommen ist, wann welcher Baum blühen kann und soll.

Die Voraussetzung für **Einschätzungskompetenz** braucht ein Denkmuster das bereit ist, jenseits von Routinen zu gehen, ein Denkmuster das Risiken nicht als Gefahr, sondern als Chance sieht. Ein solches ist Denkmuster offen und bereit, sich auf die Unsicherheit einzulassen, eine Unsicherheit, die wie eine Wolke des Nicht-Wissens entsteht, aus all den Unbekannt, die durch das Neue auftauchen. Es geht um ein Innehalten, und darum zu beobachten, wie in Verbindung mit dem, was geschieht, ein Gefühl der „Richtigkeit" entsteht. Es ist ein Denkmuster, das die Vernetzung vieler Elemente ermöglicht und offen ist, Gefühle und neue Elemente mit einzubeziehen. Zum Unterschied von Resilienz ist sie nicht eine emergente Kompetenz, sondern eine Kompetenz, die ständig gebraucht wird und daher in einem Verhaltensprozess beschrieben werden kann Abb. 3.3:

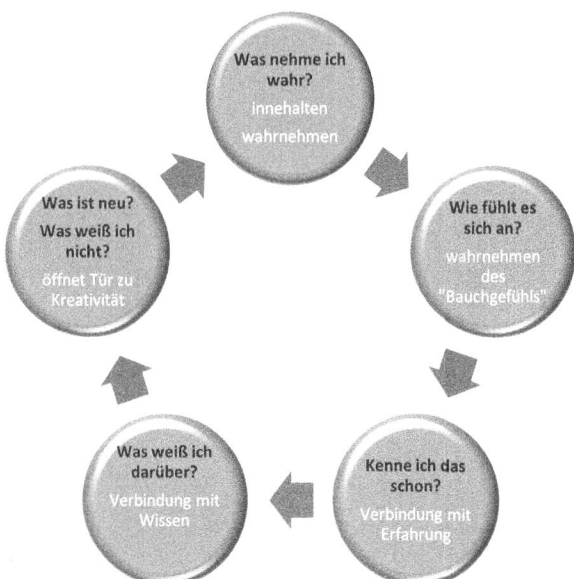

Abb. 3.3 Einschätzungskompetenz. (Quelle: Eigene Darstellung)

Einschätzungskompetenz entsteht am besten durch „Training-on-the-job", durch Erfahrung, Reflexion und die Bereitschaft, mit den Prozessen mitzugehen, zu beobachten, ohne Konzept, aber mit Neugier auf das, was dabei ist zu entstehen. Das Ziel, das erreicht werden soll, dient als Kompass für Entscheidungen. Ebenso bedarf es einer Klarheit, dass einige Entscheidungen auch nicht getroffen werden können, und des Bewusstseins, dass am Ende etwas ganz Anderes entsteht.

In diesem Wirkungszusammenhang, dem Aufgreifen und Weiterleiten von Impulsen bzw. von Informationen, liegt eine große Verantwortung des Einzelnen. Je nachdem, wie wir entscheiden, können wir Prozesse und *Entwicklungen* beeinflussen. Es können neue Trends gesetzt und / oder Trends weiterverfolgt werden. Am Beispiel der Lemberg Messgeräte GmbH kann man sehen, wie die „Spielwiese", durch das Aufgreifen eines neuen Trends eine neue Entwicklung in Gang gebracht hat Abb. 3.4.

- Hat Marc eine Entwicklung verpasst?
- Hat er den Zweig, der zu wachsen begann, zu lange ignoriert?
- Fehlte im Netzwerk eine Verbindung?

Fazit

1. Fließgleichgewicht ist ein Grundprinzip aller Prozesse in der Natur und damit aller lebenden Systeme.
2. Die Organisation als Netzwerkstruktur lebt durch die Dynamik des Fließgleichgewichtes, welche in Teilen von Menschen koordiniert wird.
3. Digitale Strukturen sind als Netzwerk aufgebaut und funktionieren über ein Fließgleichgewicht. Bestimmt durch Zu- und Abfluss von Daten können digitale Netzwerke zumindest teilautonom funktionieren.

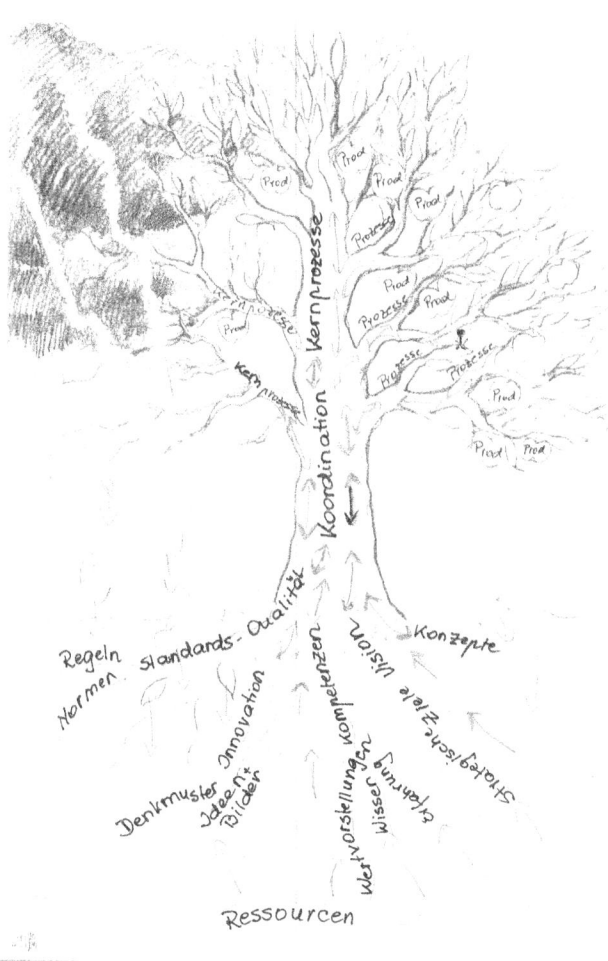

Abb. 3.4 Internes Fließgleichgewicht Zeichnung Ljubena Glaser. (©mit freundlicher Genehmigung Inhalt: Ursula Schullerus Januar 2024)

3.3 Welche Art der Vernetzung ist sinnvoll?

Marc stellt sich viele Fragen

Marc stand auf. Er musste mit jemandem sprechen. Ihm war klar, dass diese Situation sehr komplex war und er noch eine zusätzliche Sichtweise brauchte, bevor er entscheiden konnte.

Aber erwarteten nicht alle, dass er eine Entscheidung treffen würde? - Welche Entscheidung?

Aus dem „Kernteil" wurden Stimmen laut, dass die „Chaoten der Spielwiese" das Unternehmen aufmischten. Von der „Spielwiese" bekam er zu hören, dass es nicht genug Kapazität gebe, dass der Einkauf und das Controlling, die im Kern angesiedelt waren, sie ausbremsten, abgesehen von den bissigen und zynischen Kommentaren auf beiden Seiten. Warum konnten sie nicht einfach einander lassen und miteinander das tun, was zu tun war? Waren die einen wirklich so arrogant, wie die anderen sagten? Waren die anderen wirklich so abweisend, wie die einen meinten?

Marc schritt den Gang entlang und blieb vor der Tür der Organisationsentwicklung stehen. Julia und Tom hatten immer gute Ideen.

Was kann Organisationsentwicklung bewirken?

Die weiter oben beschriebene Situation verdeutlicht die Parallelität von alten und neuen Strukturen. Sie zeigt das Dilemma, das in vielen Organisationen zu finden ist und als „Disruption" bezeichnet wird.

- Muss es aber unbedingt disruptiv angegangen werden?
- Wie kann Organisationsentwicklung mit diesem Dilemma umgehen?
- Müssen die beiden Abteilungen in gleicher Art aufgebaut sein und in gleicher Art die Dinge tun? (Prozesse, Struktur)
- Worin genau besteht das Spannungsfeld?
- Inwiefern betrifft es Fragen der Organisationskultur und der individuellen Kultur?

Marc denkt nach...

Zurück aus der Organisationsentwicklung blickte Marc auf den Birnbaum und fragte ihn stillschweigend: „Wie machst Du das denn?"

Ja, wie macht der Baum das?

Dann blickte er auf den Schreibtisch – auf das Blatt, das vor dem Bildschirm lag. Auf dem Bildschirm war eine große Projektgraphik und auf dem anderen Bildschirm eine Graphik mit den Prozessen.

Wie konnte er das alles unter einen Hut bringen?

Julia und Tom aus der Organisationsentwicklung hatten ihm die Situation klar auseinandergenommen: Es musste etwas passieren. Die Digitalisierung konnte nicht mehr weggeblendet werden.

Sie hatten recht: Das war die Zukunft und im Augenblick konnten sie sich vor Modul-Aufträgen nicht retten. Die „Spielwiese" konnte das Volumen in ihrer Abteilung gar nicht alleine stemmen. Alle wollten diese Module – die Geräte wurden sehr viel seltener nachgefragt. Der Umsatz war bei den Geräten deutlich zurückgegangen, während die **Prognosen** für die Module den Umsatz durch die Decke trieben.

Lea verlangte Unterstützung, aber die Gerätehersteller hatten die Qualifikationen nicht, die sie brauchte. Sollte er neue Fachkräfte einstellen und all die Menschen entlassen, die das Unternehmen über Jahre hinweg getragen hatten?

Tom hatte ihn daran erinnert: Es war wie ein neuer Frühling – der Bereich blühte. Der Baum hatte neue Zweige getrieben.

* Wollte der Stamm die Nahrung aus den Wurzeln nicht an die Krone weiterleiten?
* Wenn er an seine Leute aus dem „Kernholz" dachte, dann musste er sich fragen: „Was brauchen sie von der Krone, um das tun zu können?"
* Konnte man die beiden Bereiche miteinander daran arbeiten lassen, wie sie sich gegenseitig unterstützen könnten?
* Konnte man zusammen mit ihnen herausfinden, was sie gegenseitig voneinander brauchten? Wäre es möglich, dass die Erfahrenen, so wie das Kernholz im Stamm, in der Dynamik der Spielwiese eine stabilisierende Rolle einnehmen konnten?
* Konnten die agilen Spielwiesen-Experten ein wenig mehr Dynamik ins Kernholz bringen?
* Konnte damit das Gleichgewicht wieder hergestellt werden?

3.4   Rhythmus und Fließgleichgewicht

Im Abschnitt *Fließgleichgewicht in Organisationen* wurde bereits erwähnt, dass das Fließgleichgewicht durch den Rhythmus von Zu- und Abfluss von Energie oder Materie in Gang gehalten wird. Das erinnert an eine Aussage die dem Philosophen der griechischen Antike, Heraklit[2], zugeschrieben wird: Panta rhei – dt. Alles ist im Fluss.

Mittlerweile hat die Wissenschaft diese Aussage bestätigt. Es wurde herausgefunden, dass unser ganzes Leben durch Rhythmen bestimmt wird: Rhythmen von Tag und Nacht, Rhythmen der Jahreszeiten, Rhythmen der Gezeiten, die individuellen Rhythmen.

3.4.1 Arbeitsrhythmus ist nicht immer eigener Rhythmus

Jonas

Jonas saß unter der großen Buche, den Rücken an den Stamm gelehnt. Heute war er allein hierhergekommen. Er brauchte Raum, um, wie er oft sagte, sich neu konfigurieren zu können. Heute war wieder ein Tag, an dem er nicht wusste, ob er ein Mensch oder ein Zahnrad war, ein Zahnrad in einem großen Getriebe. Ein Zahnrad, an dem mindestens zehn weitere Zahnräder drehten: tack – ein Mitarbeiter, - tack die Assistentin wegen eines Termins, tak-tak ein Kunde, tak-tak-tak der Chef – tak ein Kollege, tak-pin die Mail pin-jing das Smartphone, der Erinnerungsknopf – und das alles jedes Mal, wenn er sich gerade in eine seiner Aufgaben vertieft hatte. Tak-tak-ping-Takaktaka-ping-Taaak … Nein – schrie es in ihm! War er wirklich dieses Zahnrad?

Durch die Blätter des Baumes erreichte das Licht der Abendsonne sein Gesicht. Er blickte hinauf zur Krone. Welch ein Grün! Er wollte es in sich aufsaugen, um sicher zu sein, dass er kein Zahnrad war. Nein, das ging gar nicht, denn Zahnräder laufen nach einem klaren Rhythmus und das, was er erlebte, war kein Rhythmus, jedenfalls nicht ein regelmäßiger. Das Tak-bin-jiing in seinem Leben hatte sich verselbständigt und keine Regelmäßigkeit mehr, so sehr er sich auch bemühte. Würden die Getriebe, die er baute, auch so laufen wie sein Alltag… der Gedanke brachte ihn zum Lachen – dann würden alle Autos quer fahren und wären nicht mehr zu steuern. Steuern! Richtig, er konnte die Ereignisse nicht mehr steuern…

Jonas sackte in sich zusammen und lehnte sich an den Baum. Er spürte in seinem Rücken die Wärme des Stammes und es war ihm, als atme der Baum mit ihm. Er blickte wieder hoch in die Krone. Atmete der Baum wirklich?

Spannend dieses Gefühl – ja, wie war das eigentlich – wie gelangte die Feuchtigkeit aus den Wurzeln in die Krone, so dass die Blätter wachsen konnten? Flüssigkeit fließt bekanntlich nicht nach oben… Wer sagte den Wurzeln, was sie nach oben schicken sollten, und wer steuerte das Wachstum der Blätter?

„Komisch" dachte Jonas. Ein Baum wächst einfach so, ohne jede Führung, da scheint etwas auch ohne Zahnräder und tak-tak- ping zu funktionieren… Er saß immer noch angelehnt an den Stamm der Buche, die Wärme hatte seinen Rücken aufgerichtet und immer noch hatte er das Gefühl,dass der Baum atmet… Wenn das tatsächlich stimmte, dann gab es ein Ein- und Ausatmen, ein Auf und Ab, alles in einem Rhythmus.

Wer setzte diesen Rhythmus in Gang?

Wieder sah er hoch in das Blätterdach der Krone und sog das Grün in sich auf. Während sein Blick sich von Ast zu Ast durch die Krone schwang, merkte er, wie sich eine Stille einstellte. Sein Atmen war ruhiger geworden, der Druck aus dem Kopf war weg. Der Baum atmete ihn weiter.

Jonas stand auf – einen Moment lang spürte er die Leere in seinem Rücken, als wäre er für eine kurze Weile mit dem Stamm zusammengewachsen. Er schüttelte die Beine und streckte die Arme. Merkwürdig dachte er. Ich bin so leicht. Während er den Weg durch die Wiesen nach Hause ging, fragte er sich, ob der Baum wirklich atmete? Wo kam der Atem her? Wer bestimmte den Rhythmus? Wo war die Triebkraft? Vielleicht im Zusammenspiel von allem?

Eines war für ihn klar, sie kam nicht von einem Zahnradgetriebe…

- Hat Jonas erkannt, dass sein individueller Rhythmus ein anderer ist als sein Rhythmus in der Arbeit?

Rhythmus ist das Gleichmaß einer sich wiederholenden Bewegung, ein System, das eingehende Impulse ordnet. Dazu gehören auch die Pausen zwischendurch. Sie bestimmen die Geschwindigkeit des Rhythmus. Aus unserer menschlichen Sicht sind die Kreisläufe in der Natur sehr langsam und die Pausen zwischen Bewegungsimpulsen etwas länger.

Diese Pausen sind sehr wichtig, denn sie bieten die Möglichkeit innezuhalten, den Rhythmus zu unterbrechen, wenn ein neuer Impuls kommt, der einen anderen, fremden Rhythmus einleitet. Solche Pausen ermöglichen Anpassung an die Rhythmen der Umwelt, um diese in den eigenen Rhythmus zu integrieren.

3.4.2 Was bedeutet das für die Führungskraft?

Wie schon erwähnt, bieten Pausen im Ablauf nicht nur die Möglichkeit der Regeneration, sondern sorgen auch für eine mögliche Anpassung an wechselnde Rhythmen. Deshalb sind sie sowohl für einen gut funktionierenden Ablauf in Organisationen als auch auf der Ebene des individuellen Handelns wichtig.

Für die Person bedeutet der Umgang mit sich verändernden Rhythmen auf der Handlungsebene in erster Linie Stress. Daher ist die Eigenschaft der Anpassung von zentraler Bedeutung. Sie hilft uns, unser eigenes Fließgleichgewicht aufrecht zu erhalten. Z. B.: Wenn mehrere Leute gleichzeitig etwas von einem wollen, dann braucht die Person meistens ein kurzes Innehalten, eine Pause, um die gleichzeitigen Anforderungen in eine ordnende Reihenfolge zu bringen und um den Anforderungen in ihrem Rhythmus zu begegnen. Die Fähigkeit, mit verschiedenen Anforderungen gleichzeitig umgehen zu können, ist Teil der Kompetenz, die als Resilienz bezeichnet wird.

Resilienz

Resilienz bedeutet, mit Unsicherheit gut umgehen zu können, sie aushalten zu können, Durchhaltevermögen zu zeigen. Wenn der Baum sich vom Sturm biegen aber nicht brechen lässt, zeigt er ein hohes Maß an Resilienz. Im Programm des Baumes scheint es einen „Sensor" zu geben, der den richtigen Zeitpunkt abwarten kann und das Zusammenwirken der äußeren Kräfte meistens richtig einschätzt.

Individuen ermöglicht diese Kompetenz in Situationen von hohem Stress, Widerstand aufzubauen, durch emotionale Regulation und Impulskontrolle, die Situation zu meistern und im Idealfall konstruktive Reaktionsmuster zu finden.

Der Begriff Resilienz taucht in den letzten Jahren häufig im Zusammenhang mit Traumabewältigung von Menschen aus Krisengebieten, in gesellschaftlichen Diskussionen auf. Er findet sich jedoch auch in der Diskussion über Organisationsentwicklung wieder, wobei Resilienz als Fähigkeit der Organisation definiert wird, durch welche Organisation in Krisenzeiten ein ausgeprägtes Durchhaltevermögen entwickelt.

Psychologisch gesehen wird Resilienz als eine emergente Kompetenz definiert. Sie entwickelt sich aus der Interaktion einer Person mit einem schwierigen Umfeld. Beobachtet werden kann, wie das Individuum gute Coping-Strategien entwickelt, um von überwältigenden Erlebnissen nicht überrollt zu werden. In Situationen von hohem Stress, kann das Individuum Widerstand aufbauen, durch emotionale Regulation und Impulskontrolle die Situation meistern und im Idealfall konstruktive Reaktionsmuster zu finden. Da Resilienz hauptsächlich für Stress- und Krisensituationen gebraucht wird, wird sie auch als emergente, erscheinende, Kompetenz bezeichnet. Sie entsteht im Krisen- oder Stressmoment aus der Verbindung von Selbstvertrauen, klaren kognitiven Fähig-

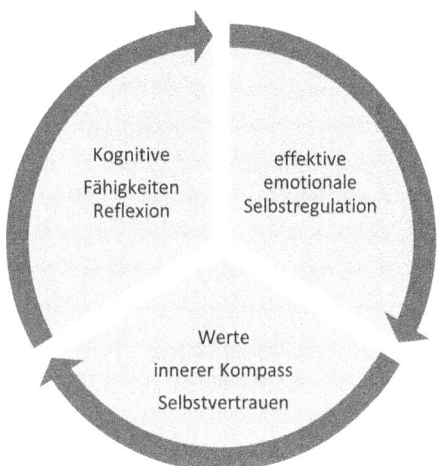

Abb. 3.5 Resilienz. (Quelle: Eigene Darstellung)

keiten und einer soliden emotionalen Selbstregulation. Resilienz ist eine Vernetzung von mehreren Faktoren Abb. 3.5:

Diese Vernetzung einzelner Fähigkeiten kann durch ein unterstützendes Umfeld angelegt sein oder im Laufe der Zeit durch Erfahrung und Training erworben werden.

Organisationale Resilienz

Für Organisationen gibt es mittlerweile viele Studien zur Resilienz, die mittlerweile in einer ISO-Norm[3] festgehalten wurden. Darin wird organisationale Resilienz als System-Resilienz bezeichnet, die Fähigkeit einer Organisation mit Krisen und Druck umzugehen, ihnen standzuhalten. Wie hoch das Ausmaß an Resilienz einer Organisation ist, kann über Fragen herausgefunden werden:

- Welche Sicherheitsmaßnahmen und Vorkehrungen hat die Organisation für Krisen (finanzielle, ökonomische, technologische, Rohstoffverknappung, etc.)?
- Welche Mechanismen hat die Organisation mit verschiedenen Formen von Druck von außen und innen umzugehen /diesem standzuhalten?

Abb. 3.6 Resilienz der Organisation. (Quelle: Eigene Darstellung)

- Welche Krisenfrühwarnsysteme hat die Organisation?
- Welchen Beitrag leisten die Mitarbeitenden zur Resilienz der Organisation?

Organisationale Resilienz ist eine Vernetzung von drei Systemen Abb. 3.6:

Governance-Resilienzen beinhalten strategische Vorgaben und Abgrenzungen, juristische Regelungen und entstehen aus einer komplexen Dynamik aus politischen, institutionellen und gesellschaftlichen Faktoren, die den Kontext, in dem das Unternehmen agiert, darstellen. So wie beim Baum Wind, Wetter und die Umwelt die Resilienz auf den Prüfstand stellen, so sind auch Unternehmen dem gesellschaftlich ökonomischen Umfeld „ausgesetzt" – und die Natur, der Klimawandel stellen eine zusätzliche, bisher wenig beachtete Herausforderung dar.

- Haben wir vergessen, dass Organisationen auch Teil der Umwelt sind?
- Haben wir vergessen, dass die Natur den Kontext der Organisationen mitbestimmt?

- Haben wir vergessen, dass die Ressourcen, die Wurzeln der Rohstoffe Teile der Natur sind?
- Haben wir vergessen, dass wir eine Verantwortung für das Fließgleichgewicht in der Natur haben?
- Was ist es uns wert, nicht allein auf das Fließgleichgewicht innerhalb der Organisation zu achten, sondern auch auf das Fließgleichgewicht mit der Umwelt?

So wie beim Baum Wind, Wetter und die Umwelt die Resilienz auf den Prüfstand stellen, so sind auch Unternehmen dem gesellschaftlich ökonomischen Umfeld „ausgesetzt", in welchem sich durch Verschiebungen der Konkurrenzverhältnisse im Markt, Lieferketten- und Energieprobleme, die Dynamik der Rhythmen zurzeit sehr verändert. Hinzu kommt der Klimawandel, der uns bewusst macht, dass auch die Rhythmen der Natur sich verändern.

- Wie werden diese Veränderungen wahrgenommen und berücksichtigt?
- Wie wirken sich diese Veränderungen auf Organisationen aus?
- Wie gehen Organisationen auf diese Veränderungen ein?

Organisationen kennen Rhythmen von Produktzyklen, Rhythmen von Arbeitsabläufen. Produktionsstätten kennen Schichtrhythmen, Verwaltungsbereiche kennen Rhythmen der Verwaltungstätigkeit, z. B. wenn am Monatsende Abschlüsse anstehen, die einen größeren Arbeitsaufwand erfordern oder Jahresabschlüsse, die auch mehr Einsatz brauchen. Lieferrhythmen, Zahlungsrhythmen, Rhythmen des Kundenkontaktes, Meetingrhythmen, regelmäßige Treffen, wie Feiern oder Betriebsversammlungen, etc.

Obwohl die physische Belastung in den Organisationen der Industrieländer noch nie so niedrig war, hat die Arbeitsbelastung der Mitarbeitenden zugenommen. Ein großer Teil der Schwierigkeiten, mit denen Organisationen heute zu kämpfen haben, ist die zunehmende Arbeitsbelastung, ausgelöst durch Störungen in den Arbeitsrhythmen.

Die Geschwindigkeit, mit der Aufträge erteilt und angenommen werden, führt zu ständigen Überlappungen an Aufgaben. Das erhöht den

Druck und verändert den Fluss des dynamischen Gleichgewichtes. Was hereinkommt, kann nicht mehr im gleichen Maß abfließen. Die Geschwindigkeit, mit der Informationen weitergegeben werden oder auch nicht, verändert den gewohnten Arbeitsrhythmus und die Routinen vieler Menschen. Diese Veränderung erfordert ein hohes Maß an Flexibilität, das oft an Grenzen stößt. Der Rückstau und die Vielfalt der Informationen erzeugen ein Gefühl der Überflutung von Einflüssen. In dieser Situation entstehen zwei Arten von Impulsen: solche, die die Routine antreiben und solche, die die Routine stören. Resilientes Verhalten ist gefragt.

Daraus ergeben sich Fragen wie:

- Welche Impulse gehören zur Arbeitsroutine?
- Was verstärkt sie?
- Was bremst sie?
- Welche Impulse stören die Arbeitsroutine?
- Welche Phasen des Innehaltens wären notwendig?
- Wie können die Rhythmen gesteuert werden?

3.5 Organisation als vernetzte Rhythmen verstehen

Das Organisationsverständnis ist in den letzten hundert Jahren sehr viel komplexer geworden. Mit der Entwicklung sind immer neue Aspekte offenbar geworden, die für die Organisation wichtig sind. Das zeigt Gareth Morgan sehr eindrücklich in seinem Buch Bilder der Organisation [34]. Er beschreibt darin die verschiedenen Ansätze der Organisationsentwicklung. In den gängigsten findet man immer noch die Auffassung, dass Organisationen ein steuerbarer Mechanismus- und das Leben in der Organisation kontrollierbar und beherrschbar sei.

Organisationen als lebendige Netzwerkstrukturen mit unterschiedlichen Rhythmen und Dynamiken zu betrachten, findet man in den auf Kybernetik fußenden Ansätzen, wie z. B. der systemische Ansatz oder die Ansätze von Fritjof Capra [11] und Otto Scharmer [38]. Sie stehen den bisherigen Organisationsansätzen nicht entgegen, sondern bieten einen weiter gefassten Rahmen, der alle Perspektiven einbezieht. Sie zeigen das, was wir gerade in der heutigen Zeit erleben können: dass Organisation im herkömmlichen Sinne nicht wirklich beherrschbar ist. Diese Ansätze sind ganzheitlich und zeigen die Wichtigkeit auf, Organisation als Netzwerkstruktur in ihrer Dynamik zu verstehen, um zielgerecht Einfluss nehmen zu können. Einfluss auf die Dynamik einer Netzwerkstruktur zu nehmen, bedeutet in den Rhythmus einzugreifen. Das wird deutlich erkennbar, wenn Abteilungen bestimmte Aufträge nicht bearbeiten. Dann kommen alle nachgeschalteten Stellen aus dem Rhythmus.

- Was geschieht, wenn wir Organisation nicht als Pyramide, sondern als Netzwerkstruktur zu betrachten?
- Wie stellt Organisation sich dar, wenn die Prozesse in ihren Dynamiken aufgezeichnet/gemalt werden?
- Wie würde das die Strukturen von Organisationen und unser Verhalten ändern?

Was bedeutet diese unterschiedliche Betrachtung für das Konzept von Führung und Management?
Auf der Ebene der funktionalen Abläufe, die auch heute noch in mechanistischer Weise geplant werden, wird wenig über die Dynamik nachgedacht, in der Prozesse ablaufen. Das wirkt sich nicht nur auf das Fließgleichgewicht der Prozesse aus, sondern auch auf die Mitarbeitenden. Das Phänomen des Burnouts ist nur eine Erscheinungsform aus dem Gleichgewicht geratener Rhythmen, die nicht mehr zur Ruhe kommen.

Vieles hat sich schon entwickelt und ist dabei, sich neu zu ordnen. Im Vergleich zu den Arbeitsrhythmen vor dem Computerzeitalter, haben sich die Arbeitsrhythmen im Laufe der Zeit und dank der technischen Entwicklung, verändert. Sie sind flexibler geworden. Ein erster Schritt in Richtung Flexibilisierung dieser Arbeitsrhythmen waren die Gleitzeit und die Modelle der Arbeitszeitkonten.

Eine weitere Flexibilisierung entstand durch die Kontaktmöglichkeiten über digitale, externe und unternehmensinterne Plattformen, Netzwerke etc., welche dann in der Pandemie weltweit eine weitere Öffnung für hybride Arbeitsformen ermöglichten. Diese Flexibilisierung hat eine neue Qualität in der Veränderung der Arbeitsrhythmen mit sich gebracht und ist Teil der Transformation, die wir gerade erleben.

Teil dieser Transformation ist auch die Vernetzung über digitale Strukturen. Diese Art der Vernetzung schafft aber nicht nur technisch eine Möglichkeit der Verbindung. Der über die Technik geschaffene Kontakt verbindet uns nicht nur mit einer Person, sondern gleich auch mit dem Netzwerk, in das die Person eingebunden ist. Die Nachricht von Kollegen aus einem Projekt verbindet mit dem Kontext des Projektes, den wir verstehen müssen, um handeln zu können. Das lässt die eigene Situation, die eigene kleine Welt, in den Hintergrund treten. Man verlässt gedanklich die eigene Situation und betrit einen anderen, größeren Kontext, die Welt des Projektes. Und dann geht es gedanklich wieder zurück an den Schreibtisch, bis das Telefon läutet oder die nächste Mail aufblinkt.

- Und wie oft am Tag geschieht das?
- Erinnert das nicht an das Zahnrad-Gefühl aus der Geschichte von Jonas?
- Wie viele Welten betritt man am Tag?
- Wie schnell hintereinander?
- Hat man genügend Zeit, in die eigene kleine Welt am Schreibtisch wieder zurückzukommen?
- Wie oft wird man auf halbem Weg abgefangen von der nächsten „Welt"?
- Was passiert da mit dem eigenen Rhythmus?

Die Dynamik der Reise in die vielen „Welten der anderen", lässt das Gefühl für den eigenen Rhythmus in den Hintergrund treten, weil man sich bei jeder „Reise" an den Rhythmus der anderen anpasst. Wie viele fremde Rhythmen der Einzelne am Tag verkraftet, ist individuell verschieden.

Der Umgang mit vielen verschiedenen Rhythmen ist für die Beschäftigten in Organisationen eine Herausforderung. Es erfordert ein klares Bewusstsein für den eigenen Rhythmus, die eigenen Prioritäten und die Fähigkeit diese an den Rhythmus der anderen anzupassen. Die Fähigkeit zu erkennen, wann die Flexibilität sich auf verändernde Bedingun-

Abb. 3.7   Lea in der Datenflut. (Quelle: eigene Darstellung)

gen und Rhythmen einzustellen an ihre Grenzen stößt, kann hilfreich sein. Es bedarf einer Pause, um die Situation neu einzuschätzen, den Impulsen eine neue Ordnung zu geben.

- Was geschieht, wenn bei der Ausrichtung der Prozesse die Abstimmung der Rhythmen mit den Schnittstellen mitberücksichtigt wird?
- Was geschieht, wenn die Organisationsentwicklung die Rhythmen der Organisation und die Rhythmen des Umfeldes / der Umwelt mit einbezieht?
- Was geschieht, wenn die Organisationsentwicklung die Rhythmen der Mitarbeitenden mitberücksichtigt?

Lea in der Datenflut

Lea war aus dem Urlaub zurück wieder am Schreibtisch. Sie setzte sich und blickte lächelnd auf den ON. Im Laufe der Jahre hatte sie ein persönliches Verhältnis zu diesem kleinen Knopf entwickelt, das sich mal ON mal OFF nannte. Als ON öffnete er die Tore zur Arbeit, als OFF schloss er sie wieder. Sie liebte beide Formen, denn sie machten ihr bewusst, dass sie es war, die entscheiden konnte, wann sie in die Welt der Daten und Zahlen eintauchen und wann sie wieder auftauchen konnte, in diese andere Welt, die man Leben nannte.

Kaum hatte sie ON berührt, öffneten sich die Tore und Mails purzelten über den Bildschirm, hörten gar nicht mehr auf. Lea schaute der Maillawine zu, während ihre Gedanken sich leise davon machten, die Waldwege aufsuchten, die sie gegangen war. Im Geäst der Bäume versuchten sie die Sonnenstrahlen einzufangen und wärmten sich an ihrem Licht. Die Gedanken fanden es lustig, mit den Sonnenstrahlen über die Äste zu turnen, sich unter Blättern zu verstecken und zu warten, dass die Wärme der Strahlen sie ausfindig machten, während sie Vögel beobachteten oder ihrem Gesang lauschten. … Die Wortlawine auf dem Bildschirm kam zum Stillstand. Mit einem tiefen Seufzer holte Lea die Gedanken wieder zurück auf den Bildschirm und versuchte jeden Einzelnen mit einem der fettgedruckten Wörter zu verbinden, um das Geschriebene zu verstehen. In ihrem Kopf entstand ein leichter Druck. Rebellierten die Gedanken? Sie las Betreff um Betreff. Und jeder Betreff löste eine neue Lawine an Information in ihrem Kopf aus, öffnete Schubladen mit dem, was sie vor dem Urlaub sorgfältig weggepackt hatte: Anfragen von Kunden, Fragen von Teammitgliedern, Informationen vom Controlling über neue Bestimmungen zur Berichterstattung… und ein Termin von Marc, dem Geschäftsführer, mit dem Betreff: „Wir müssen reden…" So schnell, wie die Schubladen sich öffneten, konnten die Gedanken gar nicht folgen. Immer mehr Daten sprangen aus den Schubladen und füllten den Raum, während die Gedanken versuchten sie einzufangen, um sie mit den Betreffen zu verbinden. Lea stand auf und atmete tief durch. Sie brauchte erst mal Abstand und Luft. Während sie zur Kaffeemaschine ging, fühlte sie sich etwas benommen und überrollt. Wo waren all die Ideen, die sie auf den Waldwegen entwickelt hatte? Was war das alles gewesen? Ihr fiel nichts mehr ein, außer der Erinnerung an ein Gefühl der Freude, das sie beflügelt hatte. Aber Freude worüber? Sie wollte dem nachgehen.

Aber zuerst musste sie die Datenlawine aufräumen … und unbedingt mit Marc reden.

Der Baum passt Rhythmen und Menge an den Bedarf an

Der Baum stimmt seine Prozesse ständig, je nach Umweltbedingungen, zwischen Krone und Wurzel ab. Diese Abstimmung erfordert ein hohes Maß an Flexibilität, um auf sich ändernde Bedingungen zu reagieren.

Eingehende Impulse (Licht, atmosphärische Veränderungen, Veränderungen im Boden, Schädlinge, etc.) werden von den Sensoren des Baumes aufgenommen, und der Baum reagiert über ein Informationssystem auf die Impulse: Die Reaktion kann den Prozess verstärken oder regulierend eingreifen. Für den Baum bedeutet das zum Beispiel: Licht und Wärme bewirken, dass der Stamm den Saftstrom aus der Krone zu den Wurzeln bzw. aus den Wurzeln zur Krone in Gang setzt. Je mehr Licht, Wärme und Wasser, umso mehr Umsatz durch den Saftstrom. Steigt jedoch die Außentemperatur, oder sinkt der Grundwasserspiegel, wird der Saftstrom gedrosselt, damit der Baum nicht zu viel Feuchtigkeit verliert und sein eigenes Überleben sichern kann. Somit ist es das Zusammenwirken eines Gleichgewichtes von Licht, Wärme und Wasser, das den Saftstrom steuert.

Das Fehlen oder das Zuviel eines Elementes gefährden die Stabilität des Fließgleichgewichtes im Baum. Daraus entsteht ein neuer Impuls, so dass korrigierend eingegriffen werden kann und der Rhythmus die Stärke der Saftströme verändert.

Was bedeutet das für Organisationen?
Ähnlich wie beim Baum, nehmen auch Organisationen ständig Impulse aus dem Markt und aus den internen Abläufen auf. Dabei stellt sich die Frage:

- Sind es Impulse, die den regelmäßigen Rhythmus aufrechterhalten (und damit auch das Fließgleichgewicht)?
- Sind es Impulse, die den Rhythmus verändern / stören?
- Wie wird auf die Impulse reagiert?

Es gibt nicht EINE Antwort, sondern viele Antworten, je nach Bereich. Ein Beispiel für eine solche Differenzierung ist der „Ticketting-Prozess" bei den Hotlines.

Die Antworten zu finden, erfordert ein Verständnis der Prozessdynamiken in den jeweiligen Bereichen.

Für Organisationen bedeutet das ein hohes Maß an Flexibilität in den Abläufen und ein hohes Maß an Bereitschaft zu Flexibilität von Seiten der Mitarbeitenden. Es bedarf einer wachsenden Bereitschaft zur Verantwortungsübernahme auf Seiten der Mitarbeitenden und des zunehmenden Vertrauens auf Seiten der Entscheider, der Führungskräfte. Nur durch die Beteiligung aller kann das Fließgleichgewicht in Gang bleiben. Ein agiles Mind-Set kann dabei hilfreich sein, wenn es die Dynamik des Netzwerkes durchschaut hat. Genauso können agile Methoden helfen, im Netzwerk flexibel zu reagieren. Es gibt viele andere

Methoden, die eingesetzt werden können, sofern sie im Einklang stehen mit der Offenheit vernetzter Strukturen und vernetzter Prozesse.

Der Prozess der Flexibilisierung der Rhythmen ist in einigen Organisationen im Gang, und es braucht wohl noch einige Zeit, bis er so abgestimmt und eingespielt ist, wie das Fließgleichgewicht zwischen Krone, Stamm und Wurzeln.

Organisationen lernen gerade sich zu fragen:

- Wie können Abläufe flexibel gestaltet werden, so dass das Fließgleichgewicht erhalten bleibt?
- Wie muss die Kommunikation/der Informationsfluss zwischen den Zusammenarbeitenden gestaltet werden?
- Welche Absprachen/Vereinbarungen müssen getroffen werden?
- Welche technische Vernetzung ist dafür notwendig?
- Welche Bedeutung haben Pausen im Rhythmus?

An diesem Punkt kann die Organisationsentwicklung den Rahmen öffnen und nach treibenden Kräften der Dynamik fragen. Werfen wir den Blick auf die Krone des Baumes, erinnern wir uns vielleicht, dass die Blätter ihre Spaltöffnungen schließen, wenn es zu warm oder zu kalt ist, wenn es zu viel regnet. Und entsprechend verhalten sich dann auch der Stamm und die Wurzeln. Der Rhythmus des Pulsierens wird gedrosselt, so dass der Baum sein Gleichgewicht wieder finden kann. Blicken wir zurück zu Lea: die Vielzahl der Mails kann sie nicht aufhalten. Das ist der Fluss der Information, der zu ihrer Arbeit gehört, der liegt in der Natur der Dinge. Kann sie aber den Fluss steuern? Ist Lea bewusst, welche Einflussfaktoren diese Flut verursachen?

3.6 Neue Rhythmen erfordern neue Kommunikationsstrukturen

Die Zahl der Einflussfaktoren in der Arbeitswelt ist nicht mehr überschaubar. Und es sind auch oft nicht einzelne Faktoren, sondern ein Netz von Faktoren. Das lässt den Eindruck entstehen, als wären sie auch nicht wirklich steuerbar. Eine nicht beantwortete Mail bewirkt, dass ein ganzer Prozess nicht weitergeführt werden kann, dass Lieferungen nicht weitergehen, dass andere in ihrer Arbeit nicht vorankommen.

* Wäre es da sinnvoll über Reaktionsrhythmen, statt nur über Reaktionszeiten zu sprechen?
* Wie können Rhythmen in Kommunikationsstrukturen eingebaut werden, so dass die „schnell-mal-erledigen Kommunikation" in diesem Rhythmus ihren Platz hat und das Fließgleichgewicht nicht stört?
* Welche Formen werden den „kleinen Dienstweg" ersetzen?

Das Beispiel von der Lemberg Messgeräte GmbH zeigt diesen kulturellen Unterschied deutlich. Die beiden Abteilungen haben sehr unterschiedliche Kommunikationsstrukturen innerhalb und nach außen. Für die Hersteller der Messgeräte stellt sich im Hinblick auf die „Spielwiese" genau diese Frage: Was ist der gemeinsame Boden? Was gibt Orientierung?

Im Baum gibt es eine ständige Kommunikation zwischen Wurzeln und Krone, nicht allein über die Säfte, sondern auch über chemische Moleküle und elektrische Signale. Die Kommunikation läuft über ein ausgeklügeltes Informationsnetz, das, übertragen auf menschliches Zusammenleben, an die verschiedenen Social-Media Kanäle erinnert.

Der Baum nutzt diese Strukturen, um seine Prozesse zu steuern, damit die Krone genügend Blätter und Früchte bildet, die das Überleben des Baumes sichern. Wieviel und welche Kommunikation/Information braucht jede*r Einzelne, um in der Informationsflut nicht unterzugehen?

* Wie ist die Kommunikationsstruktur aufgebaut?
* Wie sieht das Kommunikationsnetzwerk aus, auf das Lea reagieren muss?
* Kann Lea etwas an der Kommunikationsstruktur ändern?

Fazit

- Organisationen kennen Rhythmen in Form von Routinen, Arbeitsrhythmen, Produktzyklen, Schichtrhythmen, regelmäßigen Ritualen: Betriebsversammlung, Betriebsausflug, gemeinsame Feiern, etc.
- Impulse von außen können Rhythmen antreiben oder stören.
- Pausen und Innehalten helfen Rhythmen in Einklang zu bringen und zu steuern.
- Neue Rhythmen erfordern neue Kommunikationsstrukturen.

Anmerkungen

1. Bertalanffy Ludwig von 1901–1972 – Begründer der Systemtheorie.
2. Herakleitos Ephésios: * um 520 v. Chr.; † um 460 v. Chr., vorsokratischer Philosoph.
3. internationale ISO-Norm 22.316:2017 Rahmenwerk für organisationale Resilienz.

4

Die Krone – Sinnbild für Wandel und Transformation

Apfelbaum. (Quelle: Eigenes Foto)

© Der/die Autor(en), exklusiv lizenziert an Springer Fachmedien Wiesbaden GmbH, **87**
ein Teil von Springer Nature 2025
U. Schullerus, *Organisationsentwicklung im Spiegel der Natur,*
https://doi.org/10.1007/978-3-658-45064-9_4

Zusammenfassung Den Apfelbaum betrachtend freut sich Lea, die Leiterin der „Spielwiese", an dem Apfelbaum vor ihrem Fenster, der sich über Nacht in einen Blumenstrauß verwandelt hat. Während sie das Wunder betrachtet, fällt ihr eine Analogie zu dem, was in der Lemberg Messgeräte GmbH passiert, auf: Transformation – ein Ereignis in der Natur und im Unternehmen. Es folgen Überlegungen, welche Transformation nicht als Prozess, sondern als ein Ereignis definieren, als Ergebnis eines Wandlungsprozesses. Am Anfang eines jeden Wandlungsprozesses steht eine Veränderung, welche die Wandlung auslöst und zu Transformation führt. Aus diesem Verständnis heraus und angeregt durch die gestellten Fragen, können Sie als Leser Möglichkeiten des Umgangs mit transformationalen Veränderungen ableiten.

Lea, der Apfelbaum und das Wunder des Wandels – Transformation

Jedes Jahr das Gleiche: Lea kommt ins Wohnzimmer und auf einmal ist es heller als sonst – am Apfelbaum vor dem Fenster sind über Nacht ganz viele Blüten aufgegangen. Seit Tagen hat sie schon darauf gewartet. Die Knospen waren tagelang kurz vor dem Platzen, wann blühte er endlich? Und dann, wie immer, eines Morgens, heute, war es so weit: Er erstrahlte in voller Blüte. Lea öffnete das Fenster – die Luft war voll von Blütenduft, der sich summend ausbreitete... Die Bienen hatten es gerochen – welch ein lebendiges Treiben! Sie saugten an den Blüten. „Ob er die Bienen wohl betrunken macht, dass sie so emsig hin und her fliegen und dabei so fröhlich summen?" – dachte Lea.

Vor Wochen stand er noch da, nackt und grau, mit ein paar kleinen grünen Trieben – Blattknospen, kaum sichtbar.

Und dann, heute Nacht, war der Baum vollständig verändert! Über Nacht hatte sich das Ast-Skelett vor ihrem Fenster in einen Blütenstrauß verwandelt!

Die Schönheit der Krone, die Fülle, das Summen, der Duft! – Lea war ganz gefangen davon. Sie zuckte, als das Röcheln der Kaffeemaschine sie aus der Versonnenheit weckte und daran erinnerte, dass sie eigentlich frühstücken sollte. Sie wusste nicht, wie lange sie dagestanden hatte. Sie setzte sich mit dem Kaffee vor das Fenster. Die Blüten strahlten weiß-rosa der Sonne entgegen. Heute, morgen, übermorgen und dann würde es Blüten regnen. Wenn die Bienen den Nektar getrunken und sich als Dank an der Bestäubung beteiligt hatten, würden die weiß-rosa Blätter wieder abfallen. Für ein paar Tage noch schmückten sie dann den Rasen, während der Baum immer grüner werden würde. So war es immer gewesen.

> Bald würde sich das blühende Wunder vor dem Fenster in einen grünen
> Wuschelkopf verwandelt haben. Anstelle der Blütenblätter waren dann
> überall grüne Blätter, die sich der Sonne entgegenstreckten, sich ausbrei-
> teten und das Licht einatmeten. Da, wo Blüten waren, bildeten sich kleine
> grüne Knoten – die ersten Äpfel, die im Schutz der Blätter heranreiften.

4.1 Wenn aus dem Samen ein großer Baum oder aus einer Rechenmaschine ein Computer mit Cloud wird

Das Bild des gerade aufgeblühten Apfelbaumes zeigt, wie nach einer längeren Zeit kleiner Veränderungen, ein Wandel geschehen ist: plötzlich steht etwas Neues da. Dieses Ereignis kann als Transformation bezeichnet werden.

Das Wort Trans-formation bedeutet: jenseits der Form[1]. Die skelettartige Form des Baumes wird über Nacht zu einem Strauß von Blüten. Sie ist das Ergebnis einer Entwicklung, während die alten Formen aufbrechen, ganz neue Formen entstehen können, ein neuer Zustand möglich wird. Und es geht weiter: Die Blüte fällt auch auseinander bis auf den Fruchtknoten und dieser wandelt sich zur Frucht.

Die Frucht ist auch eine Transformation, das Ergebnis eines Wandels, der während des Sommers stattfindet. Vergleicht man die Frucht mit dem Produkt oder der Dienstleistung einer Organisation, so sind die Prozesse in der Krone vergleichbar mit den Kernprozessen einer Organisation. So wie die Kernprozesse im Unternehmen vom Management koordiniert werden, werden im Baum die Prozesse vom Stamm aus koordiniert. Genauso wie das Unternehmen Ressourcen in unterstützenden Prozessen erhält, wird die Krone aus den Wurzeln bzw. von der Umwelt mit Ressourcen unterstützt.

Streng genommen ist jeder Produktionsprozess ein Wandel, der zu einer Transformation führt. Ressourcen werden verarbeitet – verwandelt – und es entsteht etwas Neues, was vorher nicht da war, durch ein Zusammenspiel verschiedener Kräfte.

Jeder Transformation geht eine Reihe von Veränderungsprozessen und Innovationen voraus. Das Neue, das fast unbemerkt entstanden ist, setzt dann seinerseits einen Veränderungsprozess in Gang, dessen Auswirkungen nicht vorhersehbar sind. Zum Beispiel können wir davon ausgehen, dass aus den Fruchtknoten Äpfel werden, aber wir wissen nicht, wie viele, wie groß, bzw. wie süß sie sein werden. Oder: Wer hätte gedacht, dass die Idee des Funkens, der erst den Kienspan, dann die Fackel, dann die Kerze, die Öl- oder Petroleumlampe zum Brennen brachte, irgendwann in einer Glühbirne Licht erzeugt werde? Und auch diese hat einen Wandel erfahren und wird durch LED ersetzt. Wer nimmt die Transformation wahr?

Jede dieser Entwicklungen hat den Menschen eine Verbesserung gebracht, gefolgt von einer Reihe an Veränderungen. Die Erfindung der Glühbirne wird als Beginn einer neuen Ära bezeichnet [62], da sie das Leben der Menschen auf der ganzen Erde in vieler Hinsicht veränderte. Es entstanden neue Organisationen, die die Ausweitung des Stromes vorantrieben, neue Arbeitsplätze. Eine ganze Reihe an Entwicklungen wurde möglich. Daran kann man erkennen, wie über einen längeren Zeitraum, in welchem viele Veränderungen sowie Phasen des Wandels stattfanden, ein Ereignis die Welt verändern kann – ähnlich wie der Apfelbaum sich im Frühling und im Herbst wandelt, wenn auch mit unterschiedlich weitreichenden Folgen.

Die Naturwissenschaft spricht vom qualitativen Sprung nach der quantitativen Anhäufung. Und diese quantitative Anhäufung geschieht in Phasen, sozusagen im Vorlauf der Transformation.

Zum Verständnis des Prozesses
Veränderung → **Wandel** → **Transformation** – betrachtet man die drei Begriffe unter Entwicklungs-aspekten, so stellen Veränderung und Wandel die verschiedenen Phasen eines Prozesses dar, die einer Transformation vorausgehen. Vielleicht lässt sich der Unterschied klären, wenn wir die Phasen der Transformation Abb. 4.1 anschauen:

Alles, was neu erscheint, hat einen Ursprung in einem früheren Ereignis: Der Baum ist enthalten im Keimling des Samens, denn der Keimling enthält das gesamte Programm, das der Baum später im

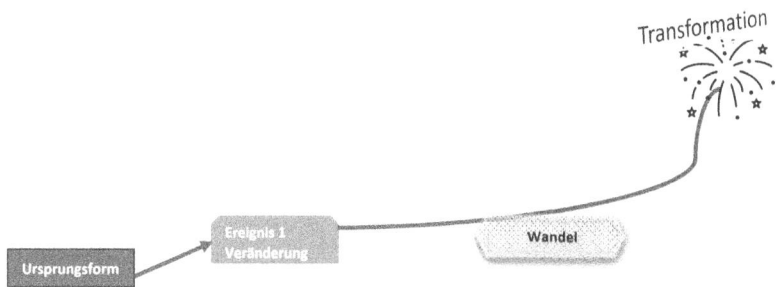

Abb. 4.1   Vorlaufphasen der Transformation. (Quelle: Eigene Darstellung)

Leben braucht, um zu überleben – vergleichbar mit der Software des Baumes, einschließlich aller Up-dates und Anti-Viren Programme.

Mario Botta, der italienische Architekt, formulierte diesen Zusammenhang in einem Interview des Schweizer Fernsehens [63]: „Zukunft braucht Herkunft" – d. h. alles hat irgendwo seinen Anfang. Angelehnt an Mario Bottas Aussage „Zukunft braucht Herkunft…" lässt sich das leicht anschaulich darstellen Abb. 4.2:

Der Same =Herkunft   der Baum =Zukunft

Abb. 4.2   Zukunft braucht Herkunft

Abb. 4.3 Transformation Von der Fackel zur LED. (Quelle: Eigene Darstellung)

wobei, der Samen alle Entwicklungsmöglichkeiten des Baumes schon enthält.

- Was muss geschehenes, damit aus dem Samen ein blühender Baum wird?
- Was muss zusammenwirken, dass der Keim zu wachsen beginnt, der Samen platzt und aus dem Keim ein Stängel und Wurzeln entstehen?

Das Aufblühen des Apfelbaumes und auch die Erfindung der Glühbirne brauchten ihre Zeit, bis alles, was zu ihrer Entfaltung notwendig war, im richtigen Maß zusammenkam: Vor Edison gab es verschiedene andere Versuche, die jedoch nicht richtig zum Durchbruch kamen, auch wenn Patente angemeldet wurden[2]. Erst Edison gelang es im Zusammenspiel von „richtigen" Komponenten im „richtigen" Verhältnis, eine Glühbirne zu entwickeln, die nachhaltig eingesetzt werden konnte. Abb. 4.3.

Beim Baum ist es ist das Zusammenspiel von Licht, Temperatur, Feuchtigkeit, ein Boden mit entsprechenden Nährstoffen und Zeit. Sechs verschiedene Elemente wirken zusammen und es entsteht die erste Form des Baumes. Es sind diese Elemente, die in ihrem Zusammenspiel und ihrer Wechselwirkung das weitere Leben des Baumes bestimmen werden: sein Wachstum, seine Entwicklung, die Rhythmen seines Lebens und den Wandel innerhalb des Jahres, von der Blüte bis zur Fruchtbildung. Abb. 4.4.

Wollen wir verstehen, wie der Baum wächst, warum er zu einem bestimmten Zeitraum blüht, müssen wir genau dieses Zusammenspiel in seinen Wechselwirkungen betrachten. Verstehen entsteht, indem man Fragen stellt:

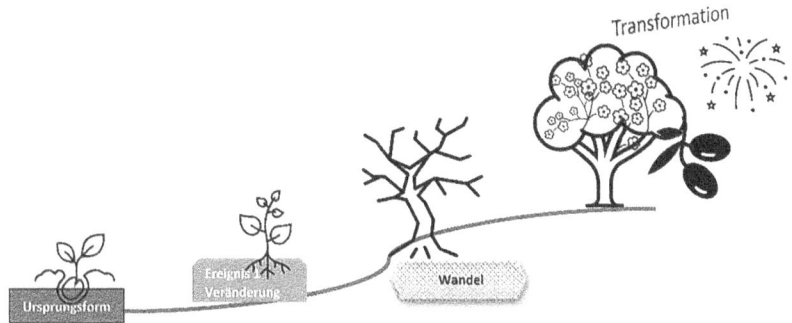

Abb. 4.4   Transformationsprozess Baum. (Quelle: Eigene Darstellung)

- Was ist miteinander in Wechselwirkung getreten, damit die Urform sich auflöst?
- Welche Kräfte leiteten die Veränderung ein?
- Welches Zusammenspiel von Kräften bewirkte den Wandel, so dass die Transformation entstand?

Organisationen sind in der aktuellen Situation dem Zusammenspiel von verschiedenen Veränderungstendenzen ausgesetzt. Auf allen Ebenen finden Veränderungen statt: in Politik und Gesellschaft, die Digitalisierung verändert gerade in allen Bereichen unser Leben, und der Klimawandel mit seinen Folgen bringt zusätzliche Herausforderungen. Die transformatorischen Kräfte, die aus den Wechselwirkungen dieser Dimensionen entstehen, wirken in alle Bereiche von Organisationen hinein: in die Kernprozesse, in Managementprozesse und in die unterstützenden Prozesse. Ein Beispiel: Wenn Arbeitsabläufe digitalisiert werden, stellen sich für die Organisation Fragen wie:

- Wie ändern sich die Strukturen in den Kernprozessen?
- Wie ändern sich die Entscheidungspfade und die Verantwortungsbereiche?
- Wie ändern sich die Managementprozesse?

Um transformatorische Veränderungen in der Organisation durchzuführen, ist es sinnvoll, sowohl die bestehenden Strukturen in ihrem

Zusammenwirken zu verstehen als auch die neu entstehenden Strukturen und Prozesse in ihrem Zusammenspiel zu erfassen. Herkunft verstehen heißt: Wirkmechanismen verstehen, herausfinden, welche Wirkmechanismen Veränderungen eingeleitet haben. Dieses Verstehen ermöglicht, Fehler in der Zukunft vermeiden.

Das lässt sich gut an dem Beispiel der Lemberg GmbH verdeutlichen. Aus einem Samen, einer Idee, die von der Entwicklungsabteilung aufgegriffen wurde, hat sich ein neuer Bereich entwickelt. Wir wissen nicht wirklich, warum Marc, der Geschäftsführer, überrascht zu sein scheint. Man kann es nur vermuten: Vielleicht hat er nicht so genau hingeschaut, als die Entwicklung anfing Module zu verkaufen. Und vielleicht hat er sich auch nicht so intensiv für die neuen Entwicklungen im Markt interessiert, sondern war mit den Zahlen des Wachstums der Messgeräte zu sehr beschäftigt. Lea hat einen neuen Zweig entwickelt, der sehr erfolgreich ist und das zukünftige Bestehen der Firma sichern kann. Allerdings versteht Lea nicht, warum die anderen nicht einfach mitziehen. Sie versteht nicht, warum nicht alle mit dem neuen Trend mitgehen. An dieser Stelle greift der Satz: Zukunft braucht Herkunft. Und davon ausgehend stellen sich die folgenden Fragen:

- Aus welchen Strukturen hat der neue Trend sich entwickelt?
- Hat Lea sich gefragt, was die Herkunft der Firma ausmacht?
- Hat Lea sich gefragt, womit die Mitarbeitenden aus der Geräteherstellung sich identifizieren, so wie sie sich mit dem neuen Trend identifiziert?
- Aus welchem Wissen und aus welcher Erfahrung der Firma wurden die neuen Module entwickelt?

Zukunft braucht Herkunft – und der Ursprung jeder Zukunft beginnt mit einer kleinen Veränderung, oft im Verborgenen, manchmal auf einer „Spielwiese".

Fazit

1. Transformation ist ein Ereignis, das sich als Ergebnis eines längeren Wandlungsprozesses zeigt.

2. Transformation geschieht in mehreren Phasen von Veränderung und Wandel, bis eines Tages etwas Neues da erscheint, das ganz anders ist als der Ursprung. Beispiel: kahler Ast – Apfelblüte – Apfel oder Fackel – Kerze – Petroleumlampe – Glühbirne.
3. Transformation entsteht aus einem Zusammenspiel von verschiedenen Faktoren und hat unabsehbare Auswirkungen.
4. Transformation setzt fundamentale Veränderungsprozesse in Gang, während derer sich die Regeln und Wirkzusammenhänge ändern.

4.2 Phasen der Transformation

4.2.1 Veränderung

Veränderung steht am Anfang jeder Transformation. Sie ist ein **beobachtbarer** Prozess, während dessen Elemente sich verändern oder neue hinzukommen oder andere wegfallen. Die ursprüngliche Form bleibt weitgehend erhalten.

Wir alle kennen die Geschichten von Organisationen: Heute haben sie ihren Sitz in großen beeindruckenden Bauten. Geht man in der Geschichte zurück, so ist der Ursprung oft in einem kleinen Raum zu finden: Einer Werkstatt, einer Stube, an einem Schreibtisch, wo ein Mensch saß und darüber nachdachte, wie etwas verbessert werden kann.

Dann kam die Idee und er schritt zur Tat: So entstand aus dem Abakus eine Rechenmaschine, und für die Vermessung von Gegenständen entstand ein Rechenschieber. Und wieder dachte einer nach, wie neue Erfindungen für die Technik genutzt werden könnten. Als Ergebnis bekam die Rechenmaschine einen Elektromotor an Stelle der Kurbel und es entstanden die ersten elektrischen Kassen. Und so ging es weiter. Mathematiker entdeckten, wie das Zusammenspiel von natürlichen Kräften funktioniert und entwickelten Formeln und Rechenarten, auf deren Grundlage sie Instrumente für ihre weitere Forschung bauten, bis eines Tages Konrad Zuse den ersten Computer entwickelte. Von da an setzte eine lange Phase intensiven technischen Wandels ein. Das Ergebnis zeigt sich heute in der Digitalisierung, einer Transformation, die unüberschaubare Auswirkungen auf unser Leben haben wird Abb. 4.5.

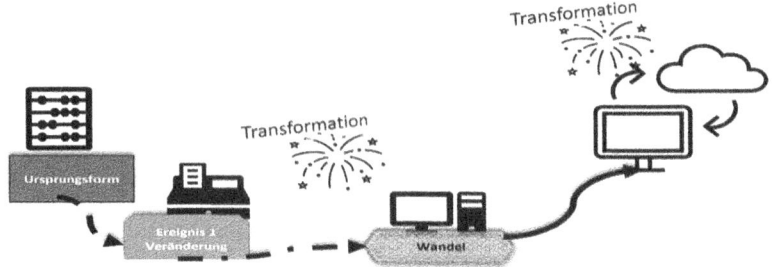

Abb. 4.5 Phasen Transformationsprozess. (Quelle: eigene Darstellung)

Verfolgt man die Pfade zurück, so kann man erkennen, dass, wie beim Baum, auch bei allen technischen Entwicklungen jeder Veränderung eine Phase des Wandels folgt. Viele kleine weitere Veränderungen reihen sich in einem Wandlungsprozess aneinander, bevor das Nicht-da-Gewesene plötzlich entsteht – so wie die Krone des Baumes sich über Nacht in einen Blumenstrauß wandelt.

4.2.2 Wandel

Wandel ist ein Prozess, bei dem die ursprüngliche Form und Struktur nicht mehr vollständig sichtbar ist. Zu den vorhandenen Elementen kommen neue Elemente hinzu. Beim Baum wandelt sich ein Teil der Blüte in einen Fruchtknoten, der nach einem Reifeprozess transformiert als Frucht erscheint.

Wie der Baum, so sind auch Organisationen einem ständigen Wandel unterworfen. Technische Entwicklungen, Entwicklungen im Markt, soziopolitische Entwicklungen und die Veränderung der klimatischen Bedingungen beeinflussen das Leben in Organisationen. Ein gutes Beispiel ist die Pandemie der letzten Jahre: Durch ein äußeres Ereignis wandelten sich die Strukturen in kürzester Zeit: Homeoffice erforderte eine neue Zeiteinteilung, neue Kommunikationsstrukturen, neues Arbeitsverhalten. Der Kontakt zu den Kollegen wurde durch die digitalen Plattformen möglich. Und doch fehlte jede Form der Erfahrung mit der Situation. Strukturen und Handlungsstränge mussten neu gedacht und immer wieder auch mit den Regularien der Organisation abgestimmt werden. Die Situation der sich auflösenden Strukturen wurde als chaotisch empfunden, wie es oft in der Phase des Wandels geschieht.

Die meisten von denen, die in einer Organisation arbeiten, hatten bis zu diesem Zeitpunkt vorwiegend geplanten Wandel erlebt, der von der Unternehmensführung ausging. Nun machten alle die wertvolle Erfahrung, dass es auch zwei Arten von Wandel geben kann:

a. den natürlichen Wandel, ein Wandel, der spontan aus der Notwendigkeit heraus ständig geschieht durch kleine Veränderungen in und außerhalb der Organisation: z. B. innerhalb, wenn ein Team seine Struktur verändert und schneller wird, dann wirkt sich die Effizienz des Teams auf die Schnittstellen aus. Der Wandel, der von außerhalb kommt, wurde schon im Beispiel der Pandemie erwähnt.

b. den geplanten Wandel, der durch Umstrukturierungsprozesse in Gang gesetzt wird, angeordnet von der Unternehmensführung. Als Beispiel sei genannt: wenn die Führung die Zusammenlegung von Dienststellen in ein Großraumbüro plant, um Wege zu verkürzen und die Zusammenarbeit zu verbessern. Wird die Führung auf die natürlich gewachsenen Strukturen der Zusammenarbeit Rücksicht nehmen oder wird sie nur ihre Vorstellung durchsetzen?

Die erstere Form, der natürliche Wandel, findet in der klassischen Organisationsentwicklung wenig Beachtung. In von der Führung geplanten Umstrukturierungen erzeugt das Nichtbeachten des natürlichen Wandels ein Spannungsfeld. Es baut sich zwischen dem natürlichen Wandel an der Basis und dem von der Führung geplanten Wandel auf. Dieses Spannungsfeld ist in der Lemberg Messgeräte GmbH nun offensichtlich: Weder die Geschäftsführung noch die produzierende Abteilung haben den sich anbahnenden Wandel im Unternehmen wahrgenommen.

Dieser wurde durch eine kleine Veränderung eingeleitet: die Gründung einer Entwicklungsabteilung. Während der ganzen Zeit entwickelte die Abteilung an Verbesserungen der Geräte. Gleichzeitig wandelte sie die elektronischen Teile der Geräte in Module um. Dieser Wandel wurde von den Messgeräteherstellern nicht ernst genommen.

Die Entwicklungsabteilung wurde als „Spielwiese" bezeichnet – bis eines Tages der große Erfolg da war. Auf der „Spielwiese" gab es ein neues Produkt, das den Markt eroberte, … und den Baum wieder zum Blühen brachte.

4.2.3 Transformation

Wie oben schon erwähnt, ist **Transformation** ein Ereignis, bei dem etwas Neues, bisher nicht Dagewesenes, nach einer langen Zeit mit vielen Veränderungen, erscheint. Es entsteht durch ein Zusammenwirken von Kräften, die eine neue Dynamik in Gang setzen. Man spricht von „Emergenz", einem Phänomen, das Bisheriges außer Kraft setzt und Faszination auslöst und eine unüberschaubare Menge an Veränderungsprozessen mit unbekannter Reichweite zur Folge hat.

Als **Transformationsereignis** löst die Digitalisierung Veränderungen aus, deren Komplexität nur schwer überschaubar ist. Sie greift in alle Bereiche des Lebens ein. In diesem Fall ist es nicht ein Zusammenwirken primärer Kräfte, die einzeln gesteuert werden können. Vielmehr ist es ein Zusammenwirken von vernetzten Systemen. Die Komplexität und Dynamik dieser Prozesse sind mit den bekannten Mechanismen nicht zu steuern. Sie müssen zuerst verstanden werden. Und dafür brauchen wir Bilder, die uns helfen, die Zusammenhänge zu verstehen, um das Neue, das durch die Transformation entstanden ist, zu erkennen und einordnen zu können.

Transformation geschieht nicht isoliert – sie geschieht in einem Kontext
Die Darstellungen weiter oben zeigen einen einfachen linearen Prozess, der jedoch in einem **Kontext** stattfindet. Veränderung geschieht nicht isoliert, sondern in einem **Kontext,** einem Umfeld, das von außen auf die Prozesse einwirkt. Beim Baum wird der Kontext von Kreisläufen der Natur definiert, von Licht, Wärme und Feuchtigkeit, Klima und Bodenbeschaffenheit. Organisationen stehen im Kontext des gesellschaftlichen und/oder wirtschaftlichen Lebens. Dieser definiert sich durch soziale Entwicklungen, politische Ereignisse, technologischen Fortschritt,

neue Marktverhältnisse, ökologische Veränderungen und nicht zuletzt auch durch den Klimawandel und seine transformatorischen Auswirkungen.

Transformation zu beeinflussen bedeutet, die Dynamik des Zusammenspiels der wesentlichen Elemente in ihrem Kontext zu verstehen, nach dem Kontext zu fragen:

- Unter welchen Bedingungen findet die aktuelle Transformation statt?
- Was sind die wichtigsten Einflussfaktoren?
- Was sind die Auswirkungen?
- Was können wir beeinflussen?
- Was wissen wir noch nicht?

Die Wolke des Nichtwissens

In Situationen der Transformation erleben wir vieles, was unbekannt erscheint, was sich wie eine **„Wolke des Nicht-Wissens"** ausbreitet. Sie kann in einer Formel dargestellt werden Abb. 4.6:

Die Wolke des Nicht-Wissens ist eine wichtige Komponente in der Transformation. In ihr finden sich oft neue Möglichkeiten zu kreativen Lösungen, Hinweise auf altes überliefertes Wissen und Hinweise auf den Verlauf der Dynamiken, welche den Prozess vorantreiben. Sie ist eine Ressource, die häufig neue Türen öffnet, indem sie emergente Eigenschaften ermöglicht.

Die Bezeichnung Wolke des Nicht-Wissens bezieht sich auf die neue Situation: Etwas Neues ist da, das die Routine unterbricht, und es ist unklar, was geschehen muss, damit man mit der Situation angemessen umgehen kann. Zudem greifen die gewohnten Verhaltensregeln nicht.

Transformation = Veränderung + Wandel + X

$$X = \frac{Wolke\ des}{Nichtwissens}$$

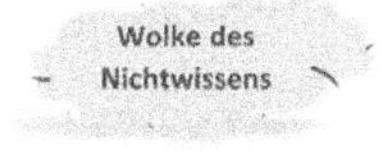

die Summe aller Unbekannten

Abb. 4.6 Wolke des Nicht-Wissens. (Quelle: eigene Darstellung)

Die Wolke des Nicht-Wissens lässt uns innehalten. Sie unterbricht das gewohnte Handlungsmuster, den Rhythmus. Aus diesem Innehalten entsteht Raum zu schauen, gewahr zu werden, was geschieht. Nur durch ein Innehalten kann das Zusammenspiel der Kräfte erfasst und in seinen Auswirkungen wahrgenommen werden. Erst auf der Grundlage dieser Wahrnehmung und der Verknüpfung der Wahrnehmung mit dem, was wir aus der Erfahrung schon wissen, kann eine Brücke zum Neuen gebaut werden. Das Innehalten ermöglicht, mit dem eigenen inneren Erfahrungswissen in Kontakt zu treten und darin Neues zu entdecken, Lösungen zu finden. Insofern führt die Wolke des Nicht-Wissens uns zu dem eigenen, vielleicht vergessenen Wissen zurück, so dass etwas in uns mit der Situation in Resonanz gehen kann und dass *die Antwort in uns* selbst, *in Resonanz mit der Situation*[3] [37], gefunden werden kann. Eine Form dieser Resonanz zeigt sich in dem, was wir als Intuition bezeichnen. Unbewusst gespeicherte Bilder fügen sich im Bewusstsein zusammen, wodurch neue Handlungsmöglichkeiten auftauchen können. Dieser Prozess der Erinnerung an eigene Ressourcen und das In-Verbindung-Treten, sind die Grundlage von Kreativität, Eigeninitiative und Selbstverantwortung. Diese drei Qualitäten werden von Ken Robinson und Salman Khan als Zukunftskompetenzen bezeichnet [43].

Das Innehalten ermöglicht, dass diese Kompetenzen aktiviert werden. Es bewahrt uns davor, durch zu schnelles Handeln in alte Muster zurückzufallen und dadurch Fortschritt zu verhindern.

Der Baum, als Modell, ermöglicht Zusammenhänge im größeren Kontext zu verdeutlichen, Innen mit Außen zu verbinden.

Andere Modelle aus dem agilen Management ermöglichen vernetzte Strukturen aufzubauen und diese mit Leben zu füllen. Ein Modell, das in der Arbeit mit der Wolke des Nicht-Wissens hilfreich sein kann, ist das GRPI-Modell, das nach Sinn und Stimmigkeit fragt.[4] [6]

- Wie kann die Organisationsentwicklung solche Pausen des Innehaltens einbauen und nutzen?
- Wie kann Organisationsentwicklung die Wolke des Nichtwissens kreativ nutzen?
- Wie kann Organisationsentwicklung die Führungskräfte einbeziehen, um die Kommunikation zwischen „Wurzeln" und „Krone" aufzubauen?

Zum Umgang mit der Wolke des Nicht-Wissens ist Einschätzungskompetenz eine ganz wichtige Voraussetzung. Sie ermöglicht, Prozesse zu beobachten und im entsprechenden Augenblick auf Rhythmen der Abläufe oder Strukturen der Netzwerke Einfluss zu nehmen.

Fazit

1. Veränderung entsteht, wenn an der Ursprungsform oder am Inhalt Neues hinzukommt oder etwas weggelassen wird, wobei die Form/der Inhalt noch gut erkennbar ist.
2. Jede Transformation löst neue unerwartete Veränderungen und neue Wandlungsprozesse aus.
3. Das Neue, das durch Transformation entsteht, ist ein emergentes Phänomen, über das wenig, bis gar kein Wissen vorhanden ist. Diese Situation bezeichnen wir als Wolke des Nicht-Wissens.
4. Für den Umgang mit der Wolke des Nichtwissens ist Einschätzungskompetenz eine wichtige Voraussetzung. Sie ermöglicht Einflussnahme und Entscheidungen.
5. Transformation ist kein linearer, berechenbarer Prozess.

Abb. 4.7   Lea betrachtet den Baum. (Quelle: eigene Darstellung)

Leas Dilemma – oder – was die OE sich fragen sollte

Lea betrachtete das blühende Wunder und hörte, wie das Summen der Bienen zunahm und immer deutlicher wurde. Kamen sie auch um zu frühstücken? Der Gedanke erheiterte sie und sie freute sich, denn wenn die Bienen kamen, war gute Aussicht auf viele Äpfel. – Es würde nicht allzu lange dauern, dann bildeten sich die Früchte. Sie würden langsam reifen … Wann würde der Zeitpunkt kommen, dass sie geerntet werden können? Das Bild des Baumes erinnerte sie ein wenig an ihre Arbeit. Da hatte es auch Peng! gemacht und auf einmal saß sie zwischen allen Stühlen.

Auf der „Spielwiese" in der Entwicklung war ein neues Produkt entstanden, und die Reaktionen waren erstaunlich positiv. Noch wurde die „Spielwiese" als Luxus- Abteilung bezeichnet, denn bis vor einigen Monaten hatten sie keine nennenswerten Ergebnisse erzielt. Sie hatten geforscht, ausprobiert, manchmal, wenn nachgefragt wurde, hatten sie kreative Lösungen geliefert. Und auf einmal war ein Produkt da, das sich ohne großen Aufwand im Markt verbreitete – wie die Äpfel des Baumes, einfach auf einmal waren sie da und wollten geerntet und verarbeitet werden. Genauso war das Modul-Produkt da und dazu auch noch erfolgreich.

Sie hatten keine Erfahrung, denn sie waren ja Entwickler, und der Vertrieb verstand die Produkte nicht, verkaufte Ideen und ließ sie, Lea, nicht mitgehen, um mit den Kunden zu klären, was möglich war. Sie wurde oft direkt angerufen, was ihr den Zorn des Vertriebes einbrachte, weil er sie als Konkurrenz ansah und sie beim Geschäftsführer anschwärzte. Der Geschäftsführer betrachtete diese Entwicklung mit Skepsis, denn ihm ging das alles zu schnell. Die Geräte, die hergestellt wurden, waren bisher erfolgreich und von sehr guter Qualität, aber die Messmodule konnten direkt in die Apparatur eingebaut werden. Daher konnten sie schneller und anders verkauft werden, was ein vollständiges Umdenken erforderte.

Lea sah die Möglichkeiten, die auf einmal, scheinbar über Nacht, entstanden waren, wenn auch in langer zäher Arbeit. Sie wurden von den anderen nicht gesehen, sondern waren verlacht worden. Die blühende „Spielwiese" und Luxusabteilung hatte sich über Nacht in eine Krone voller Früchte verwandelt. Wie konnten diese Früchte nun nachhaltig geerntet werden?

Lea dachte an die Bäume auf den Streuobstwiesen. Sie hatte im Herbst beobachtet, wie viele Früchte nicht geerntet wurden. Sie fielen zu Boden, wurden von Tieren verzehrt oder verrotteten. Zumindest wurden sie vom Boden wieder aufgenommen, wurden wieder zu Nahrung für den Baum und stellten kein Müllproblem dar. Was aber war mit ihren, Leas, Früchten? Wo würden ihre Früchte einen Boden finden?

Die neuen Strukturen, die Lea eingeführt hatte, hatten das Potenzial, das Unternehmen neu zu organisieren, den Anforderungen des Marktes anzupassen. Das brachte ihr den Ärger des Geschäftsführers ein und den Vorwurf, sie würde das Unternehmen umkrempeln wollen.

> Lea verstand den Vorwurf nicht. War eine Veränderung nicht zwingend notwendig? Immerhin hatte Marc einen Termin für heute ausgemacht. Darauf war sie schon sehr gespannt. Sie hatte klare Vorstellungen: Es brauchte neue Kompetenzen, neue Schulungen, ein neues Verständnis. Nur so würden die „Blüten" zu Äpfeln reifen.
> War das nicht Aufgabe der Organisationsentwicklung?

4.3 Aufgabe der Organisationsentwicklung im Transformationsprozess

Im Allgemeinen ist die Aufgabe der Organisationsentwicklung Konzepte zu entwickeln, aufgrund derer Veränderungen, die als Vorgabe vom Management kommen, durchgeführt werden.

Wie wir weiter oben gesehen haben, sind Transformationen jedoch komplexe Prozesse, die häufig ungeplant entstehen und daher nur bedingt steuerbar sind.

Transformationen wären keine Transformationen, wenn sie wirklich planbar wären.

Wenn die Organisationstheoretiker sowie die verschiedenen Ökonomen Konzepte erarbeiten, gehen sie von einer stabilen Umwelt und von Voraussetzungen aus, die sie kontrollieren können.

• Haben wir vergessen, dass wir Teil eines größeren Ganzen sind, das sich gerade bemerkbar macht?

Die Herausforderungen der gegenwärtigen Situation, z. B. die Phänomene des Klimawandels und die aktuelle politische Situation, lassen die Frage aufkommen:

• Wie können wir die Dynamiken, die gerade von allen Seiten auf uns einwirken, steuern?

Lesen Sie, wie es in der Lemberg Messgeräte GmbH weiterging und überlegen Sie gemeinsam mit Tom und Julia, Möglichkeiten für Marc und Lea.

Überlegungen der Organisationsentwicklung

Nachdem Lea gegangen war, saßen Julia und Tom zusammen und schauten sich an. Was nun? Lea hatte klar geäußert, dass es so nicht weiter gehen konnte. Sie hatte ihnen klar gemacht, dass sie, wenn sie keine Unterstützung erhalten würde, das Unternehmen verlassen werde. Es war verständlich, dass Lea nicht mit anschauen könne, dass das, was sie über all die Jahre aufgebaut hatte und was wirklich zukunftsträchtig war, einfach ins Leere laufen sollte. Klar war auch geworden, dass die mögliche Umsatzsteigerung für das nächste Halbjahr, deren Zahlen Lea vorgelegt hatte, mit den vorhandenen Kapazitäten nicht zu erreichen waren. Dadurch würde das Unternehmen Kunden verlieren. Leas Forderung war, zusätzliche Einstellungen und die Ausgliederung der Moduldesigner aus der Entwicklungsabteilung. Die Entwicklungsabteilung sollte bleiben, was sie war. Lea hatte vorgeschlagen, mit ihrem Team einen eigenen Unternehmensbereich zu gründen, und sie würden das Unternehmen zum Blühen bringen. Sollte das nicht passieren, würde das Unternehmen die Neuentwicklungen im Markt verpassen, und für die Konsequenzen wollte sie, Lea, nicht verantwortlich sein. Sie hatte Tom und Julia gebeten, sich zu überlegen, wie man das machen könne, denn nächste Woche hatte sie einen Termin mit Marc und da wollte sie ihm ein Konzept vorlegen, als Diskussions- oder vielleicht sogar als Entscheidungsgrundlage. Dann war Lea gegangen.

Tom und Julia schauten sich an. Aus dem Gespräch mit Marc wussten sie, dass er sich Gedanken machte, wie das Unternehmen seine Stabilität erhalten könnte.

Aus ihrer Sicht gab verschiedene Möglichkeiten:
1. Zwei verschiedene Bereiche, Messgeräte und Messmodule, die unabhängig voneinander arbeiten, mit eigenem Vertrieb.
2. Zwei verschiedene Bereiche, Messgeräte und Messmodule, unabhängig voneinander, und einen gemeinsamen Vertrieb.
3. Eine vollständige Neuorganisation des Unternehmens:
   a. aein Kompetenzzentrum mit zwei Abteilungen: Module Design und Messgeräte Design,
   b. bEin Kompetenzzentrum Kundenkontakt: Teams zur Kundenbetreuung zugeordnet, die sowohl Vertrieb als auch die Wartung der Geräte machen würden, bzw. deren Aufgabe wäre, im Kundensystem die Up-dates der Module zu überwachen.

Sie fragten sich, wofür sich Marc wohl entscheiden würde?

Die klassische Organisationsentwicklung fordert wahrscheinlich an diesem Punkt eine Managemententscheidung und Workshops, die eine Neuaufstellung der Organisation ermöglichen. Das kann ein sehr komplexer Prozess werden, der einen guten Rahmen braucht, um alle verschiedenen Ebenen und Einflussfaktoren erfassen zu können. Diesen Rahmen kann der Baum als Modell bieten. Sie können es im Anschluss ausprobieren. Vorab scheint es jedoch sinnvoll, ein paar grundsätzliche Fragen zu klären:

- Welcher Vorschlag ist eine Veränderung und welcher Vorschlag sorgt für eine Transformation?
- Welche Dynamiken werden in der Organisation durch die einzelnen Vorschläge ausgelöst?
- Welche Spannungsfelder sind zu erwarten?

Aufgabe für die Organisationsentwicklung
Sie können für sich klären, für welchen Weg Sie glauben, dass Marc sich entscheiden wird oder sie schauen alle drei Vorschläge an. Die Fragen werden immer die gleichen sein. Die Antworten werden unterschiedlich ausfallen.

- Welche Veränderungen sind in den Wurzeln (Organisationskultur) notwendig?
- Welche Veränderungen sind im Stamm (Managementstruktur) notwendig?
- Wie wirken sich diese Veränderungen auf die Prozesse aus?
- Wie wirken diese Veränderungen nach außen?
- Durch welche äußeren Faktoren werden diese Veränderungen beeinflusst?
- Wie wirken sich diese Veränderungen auf die Dynamik der Prozesse aus?
- Was brauchen die beteiligten Mitarbeitenden, um das Fließgleichgewicht der Prozesse aufrecht erhalten zu können?
- Welche Spannungsfelder entstehen in den Wurzeln, welche im Stamm, welche in der Krone?

Zeichnen Sie das, was Sie durch die Fragen an Information gesammelt haben, in die Vorlage weiter unten Abb. 4.8 ein.

Abb. 4.8 Baum zum Ausfüllen, Zeichnung Ljubena Glaser. (© mit freundlicher Genehmigung)

Reflektieren Sie die Situation anhand folgender Fragen

- Welche Dynamiken entstehen in der Organisation durch die Einwirkung der äußeren Faktoren?
- Wie beeinflussen Produkt, Prozesse, Struktur das Verhalten der Menschen in der Spielwiese?

- Wie beeinflussen die Menschen Produkt, Prozesse und Struktur?
- Wie beeinflussen Produkt, Prozesse, Struktur das Verhalten der Menschen bei den Messgeräten?
- Wie beeinflussen die Menschen Produkt, Prozesse und Struktur? (Stamm und Wurzeln)
- Müssen die beiden Abteilungen nach dem gleichen Muster arbeiten?
- Was geschieht, wenn – ähnlich einem neuen Ast am Baum – die Spielwiese ein neuer Bereich wird?
- Wie verändert das die Organisation?
- Welche Kommunikationsstrukturen sind notwendig?
- Welche Formen der Zusammenarbeit wären möglich?
- Was braucht es an Verständnis für die aktuelle Situation?
- Welche Spannungsfelder entstehen auf der kulturellen Ebene?
- Wer kann / soll was ändern?
- Was kann so bleiben?

Schlussfolgerung

- Was muss geschehen, damit aus den Blüten Äpfel werden?
- Was braucht die Organisation, damit jeder Bereich erfolgreich sein kann?

Fazit

1. Für Organisationsentwicklung stellen sich bei der Begleitung von Transformationsprozessen Fragen auf verschiedenen Ebenen: Prozesse, Struktur, Kultur
2. Die Begleitung von Transformationsprozessen erfordert die Einbeziehung aller Betroffenen, im Besonderen die der Führungskräfte.
3. Die Begleitung von Transformationsprozessen erfordert ein klares Verständnis von Transformation.
4. Bei Transformationsprozessen ist die Erarbeitung umfassend vernetzter Kommunikationsstrukturen maßgeblich.
5. Für die Organisationsentwicklung ist es wichtig zu unterscheiden, ob es sich um eine Veränderung oder um einen Wandel handelt. Diese beiden Phasen können sich überlappen oder auch parallel laufen.

Anmerkungen

1. Lat. transformare – umformen, umgestalten, in einen neuen Zustand bringen.
2. 1820 Warner de la Rue entwickelte eine Lampe, indem er einen Platinfaden unter einer Glasglocke zum Glühen brachte. Platin war jedoch sehr teuer. 1860 meldete der englische Chemiker Joseph Wilson ein Patent an. Die Glühbirne erzeugte jedoch ein sehr schwaches Licht und hielt nicht lange [64].
3. Das „In Resonanz-gehen" bezieht sich auf das Resonanzkonzept von Hartmut Rosa
4. Das GPRI-Modell wurde 1972 von Richard Beckhard entwickelt und fragt nach der Stimmigkeit zwischen Zielen, Sinnhaftigkeit, Rollen und Persönliche Beziehungen in der Zusammenarbeit von Teams.

5

Der Baum – Sinnbild für Ganzheit der Organisation

Ein 150 Jahre alter Baum in der Nähe von Waldmössingen. (Quelle: eigenes Foto)

© Der/die Autor(en), exklusiv lizenziert an Springer Fachmedien Wiesbaden GmbH,
ein Teil von Springer Nature 2025
U. Schullerus, *Organisationsentwicklung im Spiegel der Natur,*
https://doi.org/10.1007/978-3-658-45064-9_5

Zusammenfassung Wenn Wenn Konkurrenten sich neu verbinden und vernetzen, können Wunder geschehen. Was braucht es, damit Vernetzung möglich wird? Wie können wir entsprechende Denkmuster entwickeln?

5.1 Vernetzung und Verbundenheit

Auf dem Weg nach Hause

Wenn Julia jeden Morgen zur Arbeit radelte, so kam sie auf halbem Weg an dem alten Baum vorbei. Man sagte, er sei mindestens 150 Jahre alt. Zwei große Stämme wuchsen aus einer Wurzel. Der eine war schon etwas ausgehöhlt, und doch trieb er noch neue Zweige, wie ein Schutz vor die Öffnung. Hin und wieder blieb sie stehen, um den Baum anzuschauen, denn jedes Mal entdeckte sie etwas Neues. Manchmal, wenn sie unter dem Baum saß, kam ihr ein guter Gedanke und manchmal entdeckte sie etwas auf dem Feld. Auch heute war sie auf dem Heimweg stehen geblieben. Es war noch kalt und der Baum hatte noch keine Blätter. Sie schaute auf die neuen Triebe, die an den Rändern der Höhle im Stamm wuchsen. Der Baum gab nicht auf. Auch Richtung Krone gab es viele neue Äste.

„Wie bei den Messgeräten", dachte sie. „Auf altem Holz wachsen neue Triebe." Sie hatten heute den letzten Workshop zur Strategie der Veränderung durchgeführt. Nun war der Weg frei und alle hatten einen Platz. Die „Spielwiese" war nun ein neuer Bereich, in dem das Wachstum förmlich explodierte. So wie an der Höhle im Stamm. „Da war auch viel Platz für Ideen", dachte Julia. So wie diese Triebe vom Rand der Baumhöhle sprossen, so waren die Module auf einmal da und sorgten für neues Wachstum. Als Lea ihre Abteilung neu organisierte, hielten alle den Atem an, einschließlich Marc, der Geschäftsführer. Auf einmal war die Organisationsentwicklung, d. h. sie, Julia und ihr Kollege Tom, sehr gefragt. Alle waren aufgeregt und brauchten Rat, denn „so kann es nicht weiter gehen". Julia und Tom hatten viele Gespräche geführt. Marc hatte anfänglich die Module für eine „nette Laune der Spielwiese" gehalten. Dann aber kam er in Schwung und suchte nach Start-ups, die helfen sollten, den Fachkräftemangel zu decken. Sven hatte schon immer nach einer Entwicklungsmöglichkeit gesucht und nun kam seine Chance. Jonas aus dem Vertrieb staunte immer wieder über die Entwicklungen. Er saß zwischen allen Stühlen, denn für ihn waren beide Produktlinien gleichwertig. Er konnte die ganze Diskussion nicht verstehen. Jeder hatte seine eigenen Vorstellungen, wie es jetzt weiter gehen sollte. Jeder saß auf seinem eigenen Zweig. Hatten sie vergessen, dass sie alle auf dem gleichen Baum saßen? In einem waren sie sich fast einig gewesen: Die Unruhestifter, die Module, mussten weg. Lea war damit einverstanden, sie aus dem Unternehmen auszugliedern und eine neue GmbH zu gründen. Das fanden auch die anderen gut, denn dann war wieder Ruhe im Haus, und die alte Ordnung konnte wieder hergestellt werden. Hatten sie aber überlegt, was es für die anderen Abteilungen bedeutete? Lea hatte nicht darüber nachgedacht, dass sie dann ein eigenes Controlling, Personalabteilung, Einkauf usw. brauchte. Die Abteilung, die Messgeräte bauten, dachten nicht darüber nach, dass, wenn die Entwicklungsabteilung ging, keiner mehr da war, der die Neuerungswünsche der Kunden umsetzte. Jeder saß auf seinem Ast und blickte aus der Krone auf das freie Feld.

Julia blickte am Stamm empor und sah die beiden großen Stämme, die in der Mitte zusammen aus der gleichen Wurzel gewachsen waren. Genau dieses Bild hatte sie vor Augen, als sie mit Tom über den Vorschlag diskutierte, ein **Kompetenzzentrum Entwicklung** als Ausgangspunkt für die neue Organisationsstruktur zu nehmen. Die Entwicklung war doch der Ursprung. Aus der konnten zwei verschiedene Bereiche hervorgehen. War die Lemberg Messgeräte GmbH nicht auch aus einer „Entwicklung" entstanden? Mit der Zeit war sie ins Abseits gerückt, denn Produktion und Verkauf brauchten mehr Aufmerksamkeit und Energie. In der Entwicklung, im „Abseits", waren die Module entstanden. Irgendwann hatten sie Bewegung ins Unternehmen gebracht. Die Entwicklung rückte wieder ins Zentrum der Aufmerksamkeit.

In unzähligen Gesprächen und im Austausch in den Workshops hatten es nun alle verstanden: als „Nahrungsquelle" für die „Produktion", sollte die Entwicklung der Ausgangspunkt, das Zentrum bleiben – wie die Wurzel, aus der die Stämme, die Bereiche wuchsen. Der Vertrieb als unterstützende Funktion ein Service- Zentrum für die Kunden und für die internen Bereiche. Damit fand jeder seinen Platz und seinen Bereich. Marc war sehr erleichtert gewesen, als sie sich geeinigt hatten. Er hatte Verantwortung abgegeben, Lea, Sven und Jonas in die Geschäftsführung mit aufgenommen, so dass er Entscheidungen nicht mehr allein treffen musste. Es hatte eine Weile gedauert, bis er sich dazu durchgerungen hatte. Nächsten Monat wollten sie zusammen an einem Wochenende, irgendwo in den Bergen zusammen wandern und „neue Wege erkunden…"

Dass das Ganze mehr ist als „die Summe seiner Teile", wussten schon die alten Griechen. Und sie wussten auch, dass der Baum mehr ist als nur Holz, Blätter, Blüten und Früchte. Seit frühesten Zeiten hat der Baum eine besondere Bedeutung im Leben der Menschen. Als Lebensbaum wird er zur Metapher für das Leben mit seinen Zyklen des Wandels von Wachstum, Vergehen und Neuanfang. Der Baum spendet Nahrung und Schutz für Menschen und Tiere, Ruhe und Erkenntnis für die, die seinen Schatten zu schätzen wissen. In vielen Traditionen der Urvölker erscheint er als Verbindung zwischen Himmel und Erde. Dieses Bild der Verbindung ist mittlerweile durch die Wissenschaft bestätigt.

Bäume sind ein wichtiger Bestandteil des Kreislaufes, der das Leben auf unserem Planeten möglich macht. Sie tragen zur Wolkenbildung bei und sichern Regen. Sie reinigen und kühlen die Luft, gelten als wahre Klimaanlage für die Erde. Als Teil des Kreislaufes nehmen sie Stoffe auf, wandeln sie um und geben sie an ihr Umfeld wieder zurück, in Form von Nahrung, frischer Luft und Wasser. Sie stabilisieren den Boden und schützen vor Erosion. Da wo Bäume wachsen, wird Leben wieder möglich. Ihre Existenz ist mit allen Sphären des Planeten verknüpft. Bäume sind regelrechte Transformatoren.

- Was können wir vom Baum bezogen auf Transformation lernen?

In den einzelnen Kapiteln wurde dargestellt, dass viele Prozesse und Einflussfaktoren, welche die Dynamik der Abläufe im Baum bestimmen, auch in Organisationen zu finden sind:

1. Vernetzung und Kommunikation, die unterstützend von den Wurzeln ausgeht;
2. das Fließgleichgewicht und die es antreibenden Rhythmen sowie unterschiedliche Strukturen, die im Stamm für Stabilität und Sicherheit sorgen und den Durchfluss der Nahrung koordinieren;
3. die Krone, in der regelmäßige Veränderung und Transformation stattfinden, ein natürlicher Prozess, unterstützt durch Wurzeln und Stamm.

Es konnte festgestellt werden, dass Bäume ein System haben, das dem System der digitalen Strukturen sehr ähnlich und teilweise weit voraus ist.

Bäume steuern ihre Prozesse nachhaltig und gehen mit Ressourcen sehr effizient um, wie im Beispiel mit der Atmung der Bäume (Kapitel Stamm) beschrieben. Zudem geben sie alles, was sie verbrauchen, der Umwelt wieder: z. B. das Wasser, das sie verbrauchen, wird wieder verdunstet und dient der Wolkenbildung. Die Nährstoffe, die sie aus dem Boden nehmen, geben sie wieder durch die fallenden Blätter oder Früchte. Sie sind regelrechte Meister im Recycling, im Geben und Nehmen.

Recycling und Kreislaufwirtschaft, sowie ressourcen- und umweltschonende Vorgehensweisen sind heute viel diskutierte Themen, und das Wissen um entsprechende Vorgehensweisen ist auch vorhanden. Immer wieder erscheinen neue Entdeckungen, wie Energie alternativ produziert werden kann, Patente zur Reinigung des Plastiks aus den Meeren und vieles mehr. Dabei ist es erstaunlich, wie lange es braucht, bis solche Ansätze weitflächig umgesetzt bzw. Teil der Kultur werden. Es sieht so aus, als sei der Blick für das Ganze, so wie ihn Umweltbewegungen oder auch ein Teil der Wissenschaftler aus allen Bereichen einfordern, noch nicht bei allen Menschen dieser Gesellschaft angekommen.

* Liegt es vielleicht daran, dass Organisation immer noch zu sehr als funktionaler Prozess gedacht wird?
* Haben wir vergessen, dass in der Natur, zu der wir gehören, alles miteinander verbunden ist?

Zudem scheint der Blick für die Menschen und für die Tatsache verloren zu gehen, dass es die Menschen sind, durch welche die Organisation lebendig erhalten wird.

Was tun wir für die Lebendigkeit in der Organisation?

Die Bilder, welche von der Vision einer digitalen Welt existieren und die Konzepte, welche erarbeitet werden [65], zeichnen eine vollständig technisierte Welt, zusammengestellt nach den Vorstellungen Einzelner, die sich von dem großen Ganzen abkoppelt. Der Schwerpunkt liegt auf der technischen Vernetzung von Lebens- und Arbeitsbereichen mittels digitaler Möglichkeiten. In dieser Welt ist die Vernetzung der Kommunikationsstrukturen wichtig, damit die Geschwindigkeit des Informationsflusses den Gegebenheiten angepasst werden kann. Markt, Umsatzziele, usw. sind Teil des Kontextes. Die **Geschwindigkeit des Informationsflusses,** die **Kommunikationsstrukturen** und die **technische Vernetzung** sind die bestimmenden, interagierenden Kräfte der Dynamik in der digitalen der Welt. Ungeklärt sind nach wie vor

Energie- und **Rohstoffressourcen,** welche diese Parallelwelt am Leben erhalten sollen. Ihr Fehlen führt immer wieder zu Engpässen. Gleichzeitig liegt in diesen Engpässen eine Chance. Diese Engpässe erinnern daran, dass die technische Welt in der Umwelt und in den Gegebenheiten des Planeten eingebettet ist. Diese Erinnerung an eine Verbundenheit allen Lebens auf dem Planeten, scheint uns abhandengekommen zu sein, weil wir uns immer mehr von der Natur entfremdet haben.

Professor Dr. Hartmut Rosa von der Friedrich-Schiller-Universität in Jena zeigt in seinem Buch Resonanz [37], wie die Anpassung der Menschen an die zunehmende Geschwindigkeit unsere individuelle Resonanzfähigkeit mit der Umwelt zum Verstummen bringt. Die Forschungsgruppe *„Urbane Mensch-Natur-Resonanz für eine Nachhaltigkeitstransformation"* unter der Leitung von Prof. Dr. Martina Artmann forscht darüber, wie ein Wiederaufleben der Mensch-Natur-Resonanz das Bewusstsein für Nachhaltigkeit stärkt und zur Entwicklung von Bewältigungsstrategien der aktuellen Krisensituation und Transformation beitragen kann[3]. Ein Teil davon ist das Bewusstsein von Verbundenheit.

Diese Verbundenheit geht über die Vernetzung, welche durch die digitalen Strukturen möglich wird, hinaus. Am Beispiel des Baumes lässt sich das anschaulich zeigen: Bäume sind über das Wurzelwerk vernetzt. Darüber hinaus kommunizieren sie über den Austausch von Molekülen und über elektrische Signale. Sie gehen in Resonanz mit dem, was um sie herum passiert und reagieren darauf. In der Natur scheint alles in Resonanz zu sein, eine Resonanz, die wir Menschen vergessen haben, die sich ab und zu in dem zeigt, was wir Intuition nennen. Es ist eine Form der Wahrnehmung über die Sinne, die uns mit der Erinnerung an Erfahrungen und inneres Wissen verbindet. Diese Verbundenheit ist ein wichtiger Bestandteil für den Zusammenhalt einer Organisation. Abb. 5.1.

Erfahrung und Intuition beeinflussen die Beziehungsgestaltung auf der zwischenmenschlichen Ebene sowie das Verhältnis zwischen Menschen, Struktur und Prozessen.

Innerhalb von Organisation wird viel über Co-Kreation, Design Thinking und Gestalten der Zukunft gesprochen. Dabei stellen sich die Fragen:

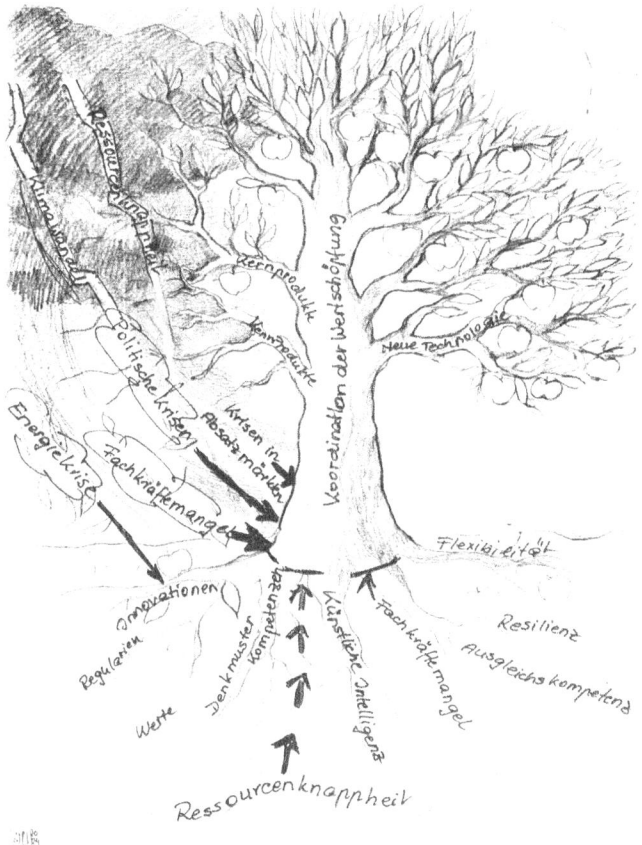

Abb. 5.1 Dynamik der Kräfte zwischen Innen und Außen. (Quelle: eigene Darstellung)

- Worin sind die Bilder eingebettet, nach denen wir die Zukunft gestalten wollen?
- Welche Rolle wollen wir in der gerade angelaufenen Transformation einnehmen?
- Wie können wir, von der Vernetzung ausgehend, Verbundenheit und Resonanz wieder entstehen lassen?

Fazit

1. Baum und Organisation sind beide vernetzte Systeme, die über ein aus-gewogenes Fließgleichgewicht effizient funktionieren.
2. Bäume existieren durch eine innere Verbundenheit, die Resonanz mit dem Umfeld ermöglicht.
3. Die Wiederbelebung von Resonanz und Verbundenheit ist für den Zu-sammenhalt in Organisationen sehr wichtig.

5.2 Neue Dynamik durch Verbundenheit

Der Baum hat sein Programm und stimmt das ständig ab, je nach Wit-terung und in Resonanz mit den Gegebenheiten. Organisationen sind da noch am Anfang.

Transformation in einer Organisation zu begleiten, erfordert daher ein tiefes Verständnis für Verbundenheit und Resonanz.

Gerald Hüther bezeichnet Verbundenheit als ein Grundbedürfnis der Menschen. Sie ist verbunden mit einem Gefühl der selbstverständlichen Zugehörigkeit, des Verwurzelt-Seins. Damit einher geht auch die Reso-nanz. Sich zugehörig fühlen bedeutet Offenheit, es bedeutet, dass man mit anderen in Beziehung tritt, sich von dem, was geschieht, berühren lässt.

Jeder Mensch verbringt mindestens ein Drittel seines beruflichen Le-bens innerhalb einer Organisation. Damit die ganze Leistung erbracht werden kann, sich Identifikation mit Aufgaben möglich wird, ist das Gefühl der Zugehörigkeit unabdingbar.

Aus diesem Verständnis heraus sollten die interagierenden Kräfte nach der „Natur der Dinge" gesteuert werden. Dafür sollten Rhyth-men sowie Bedürfnisse der Mitarbeitenden stärker in den Fokus rücken. Damit wäre eine gute Voraussetzung von Resonanz in der Organisation geschaffen. Das betrifft einerseits die strukturelle Ebene sowie die Pro-zesse und andererseits die Mitarbeitenden Tab. 5.1.

Die Tabelle zeigt, was beim Baum, bzw. in der Organisation in Wech-selwirkung tritt. Die aufgezählten Faktoren erzeugen in Wechselwirkung Dynamiken, die das Fließgleichgewicht steuern. Sind sie aufeinander abgestimmt bzw. in Resonanz zueinander, können sie einen hohen Ef-

Tab. 5.1 Interagierende Kräfte in Organisation und Baum

Interagierende Kräfte	Baum	Organisation
Äußere Einflüsse, welche auf die internen Abläufe Einfluss haben	Temperaturschwankungen, Wetter, Menschen, Tierwelt, Bodenbeschaffenheit	Klima, Umwelt, Markttrends, Änderungen von Kundennachfragen, Wettbewerb, politische Einflüsse, technologische Entwicklungen, soziale Entwicklungen
Interne Einflüsse die miteinander in Wechselwirkung stehen	Schädlinge Krankheiten Verletzungen an Wurzel, Stamm und Krone Innere Rhythmen	Kommunikation Zusammenarbeit Technologie Spannungsfelder und Konflikte Entscheidungspfade und Machtstrukturen, internes Konkurrenzverhalten, Kultur

fizienzgrad erreichen. Sind sie nicht aufeinander abgestimmt, stören sie das Fließgleichgewicht und damit den Prozessfluss. Um mit diesen Störungen umzugehen können folgende Fragen gestellt werden:

- Wie werden Kommunikation und Zusammenarbeit durch Verbundenheit und Resonanz beeinflusst?
- Wie beeinflusst die neue Technologie Verbundenheit innerhalb der Organisation?
- Wie wird dadurch Resonanz gefördert / verhindert?
- Wie verändern neue Technologien Entscheidungspfade?
- Wie verändern sich Machtstrukturen?
- Welchen Einfluss haben Verbundenheit, Resonanz auf die Kultur?

Die verschiedenen Managementansätze bieten für den Umgang mit Einzelsituationen Methoden und Techniken an, die sehr hilfreich sein können, wenn sie auf der Grundlage eines ganzheitlichen Verständnisses der Dynamiken, die sich im Transformationsprozess zeigen, eingeführt werden.

Was bedeuten Resonanz und Verbundenheit für die Führungsstruktur?

Ausgehend von der Resonanz und Verbundenheit der Prozesse im Baum kann beobachtet werden, dass diese dezentral koordiniert und gesteuert werden.

Auch für Organisationen gibt es ein Führungsmodell, welches sich auf dezentrale Entscheidungsprozesse und selbstorganisierende Organisationseinheiten stützt. Der Heterarchie-Ansatz [16] geht von gleichberechtigten Einheiten aus, die nicht in einem Verhältnis der Über- bzw. Unterordnung stehen, sondern miteinander Entscheidungen in Übereinkunft und autonom treffen. Die Grundannahme, aus der das Modell entstanden ist, geht davon aus, dass die Komplexität von unternehmerischen Zusammenhängen heute so groß ist, dass eine Person die Zusammenhänge nicht allein überblicken kann. Deshalb werden Entscheidungen in Übereinkunft, vor Ort getroffen. Die Dynamik der Prozesse wird durch ein hohes Maß an Autonomie der Fachverantwortlichen bestimmt. Führung ist nicht an persönliche Stärke oder Charisma, sondern an persönliche Fachkompetenz und an situative Problemlösefähigkeit gekoppelt. Mitarbeitende haben einen großen Entscheidungsfreiraum und ein hohes Maß an Selbstverantwortung. Es ist ein Modell, in dem Führung sich nicht an Machtvorstellungen ausrichtet, sondern alle Kräfte auf die Lösung von Problemen konzentriert. Damit entspricht es weitgehend einer Vorgehensweise wie sie auch in der Natur zu finden ist.

Das hohe Maß an Flexibilität erinnert an die Anpassungsfähigkeit der sich selbst organisierenden Systeme aus der Natur und auch an die des Baumes.

Das Führungsmodell stützt sich auf die Integration dezentraler Intelligenz und fördert somit Resonanz zwischen Fachbereichen, sowie Verbundenheit durch Kooperation und Austausch. Es fordert ein Verhalten auf Augenhöhe und gegenseitiger Wertschätzung, aber auch Bereitschaft zu Einordnung in die Ordnungsmuster, die durch die Kompetenz des Einzelnen mitbestimmt werden.

Als Führungskonzept, steht es dem Modell zentralistisch-charismatischer Machtstrukturen entgegen und ist nur für Organisationen oder Organisationseinheiten geeignet, in denen Mitarbeitende bereit sind, sich mit ihrer Fachkompetenz an Entscheidungsprozessen zu beteiligen und Verantwortung zu übernehmen.

Mittlerweile gibt es viele Organisationen, die Teile ihrer Produktion umgestellt und vernetzt haben, so dass viele Prozesse in einem hohen Maß digital funktionieren. In manchen findet man Teile des Heterarchie-Modells [46] wieder. Einige Aspekte wurden in das agile Mindset aufgenommen (Bedeutung, die der Selbstorganisation und der Selbstverantwortung zugemessen wird, Flexibilität der Strukturen, unterschiedliche, der Situation angepasste Führungsstile).

Im Hinblick auf Vernetzung und Verbundenheit stellen sich folgende Fragen:

* Wie verändert technische Vernetzung und Gleichwertigkeit durch Fachkompetenz die bisherige Organisationsstruktur?
* Welche Aufgaben und Handlungsfelder erwachsen daraus für die Organisationsentwicklung?
* Wie beeinflusst das die aktuelle Struktur?
* Was verbindet sich neu?
* Was kann so bleiben?
* Wie beeinflusst diese Veränderung die Mitarbeitenden?
* Welche Kultur entsteht daraus?

Viele andere Organisationen, Unternehmen, wie auch Organisationen öffentlichen Rechts sind noch nicht so weit. Vielleicht sind sie stärker bestimmt durch Sicherheitsgedanken und tradierte Werte, von einer generellen Scheu, gut funktionierende Prozesse zu verändern.

Geht man die Liste der interagierenden Kräfte in Organisationen durch, so fällt auf, dass es eine Wechselwirkung zwischen Struktur und Prozess gibt. Sie findet ihren Ausdruck durch die Art der Technologie, in Kommunikationsstrukturen bzw. Entscheidungspfaden und ist relativ leicht zu beeinflussen.

Die Wechselwirkung zwischen menschlichem Verhalten und den Prozessen bzw. Strukturen ist sehr viel komplexer und weniger einfach zu beeinflussen. Sie ist jedoch maßgeblich für die Art, in der Transformation geschieht, denn diese Wechselwirkung betrifft den Bereich der Kultur. Gehen wir zurück zum Bild des Baumes: seine Transformationskräfte kommen zu einem großen Teil aus den Wurzeln. Das gilt auch für Organisationen. Transformation kann durch das Außen ausgelöst werden. Wie sie jedoch durchgeführt wird, hängt weitestgehend von den Denk- und Verhaltensmustern der Menschen ab, von der Kultur, die daraus entsteht. In den vorangehenden Kapiteln wurden Denkmuster angesprochen. Die folgenden Ausführungen werden Angesprochenes noch weiter vertiefen.

Fazit

1. Resonanz und Verbundenheit sind ein Grundbedürfnis und sollten daher in der Steuerung von Strukturen und Prozessen stärker beachtet werden.
2. Resonanz und Verbundenheit wirken sich auf alle interagierenden Kräfte der Organisation aus.
3. Bei der Einführung digitaler Strukturen stellt sich die Frage, wie diese sich auf Resonanz und Verbundenheit in der Organisation auswirken.
4. Die Art, wie Transformation in der Organisation geschieht, hängt von den Denk- und Verhaltensmustern der beteiligten Menschen ab.

5.3 Denkmuster im Umgang mit Transformation

Denkgewohnheiten und Grundhaltung

Denkgewohnheiten, Wertvorstellungen, Erfahrungen, Erziehung und Überlieferungen bilden ein Denkmuster, welches das Verhalten von Menschen bestimmt. In Transformationsprozessen können Denkgewohnheiten sich verstärkend, hemmend oder regulierend auf die Umsetzung auswirken. Wie Denkgewohnheiten sich auf Prozesse auswirken, hängt von den Grundtendenzen ab, welche die Denkstrukturen bestimmen. Denkgewohnheiten haben ihre Wurzeln in der Kultur und sind individuell geprägt durch Grundeinstellungen und Erziehung, Umwelt und Erfahrung. Aus kultureller Sicht kann man drei verschiedene Grundmuster von Denkgewohnheiten beobachten:

- Denken in Polaritäten: Entweder/Oder
- Denken in Verbindungen – Sowohl-als-Auch
- Ganzheitliches Denken

Denken in Polaritäten

Denken in Polaritäten, oder auch **Denken in Zweiheit** – So könnte man das Muster, das den westlichen Kulturkreis bestimmt, kurz beschreiben, in dem Bewusstsein, dass es sich um eine Haupttendenz mit vielen Nuancierungen handelt. Denken in Polaritäten bedeutet, bei Entscheidungen als Antinomien zu denken:

* Entweder-Oder,
* Ja-Nein,
* mächtig und ohnmächtig
* usw.

Man entscheidet nach Richtig und Falsch, nach Gut und Schlecht, bedenkt Vor- und Nachteile. Es geht immer um die Entscheidung zwischen zwei Polen. Die Grunderfahrung, die dahinter steht, ist geprägt durch die Erkenntnis, dass das Leben immer durch zwei Pole bestimmt ist: Tag und Nacht, Winter und Sommer, kalt und warm, Leben und Tod. Der eine Pol ist gut, der andere schlecht oder gefährlich. Der Mensch sieht sich im Kampf mit einem der Pole, der ein Feindbild ist: der Tag ist gut, die Nacht ist schlecht, weil dunkel und gefährlich. Der Sommer ist gut, weil warm, der Winter ist kalt, weil er Not bringt. Es ist eine Denkgewohnheit, die in Abgrenzungen denkt, ein- bzw. ausgrenzt, was nicht zu dem System des eignen Poles passt. Es schafft Dualität. Das, was in Verbindung steht oder stand, wird getrennt betrachtet.

Interessanterweise scheint bei diesem Muster vergessen worden zu sein, dass die Pole oft zueinander gehören und miteinander in Verbindung sind, einander bedingen.

* Haben wir vergessen, dass Nordpol und Südpol das Gleichgewicht des Planeten halten?
* Haben wir vergessen, dass Tag und Nacht durch die gleiche Quelle, die Rotation der Erde um die Sonne, bestimmt werden? siehe oben

Denken in Konkurrenz und Kampf, Dominanz und Herrschaft

Schon die Griechen und Römer handelten nach dem Muster von „teile und herrsche". Sie teilten die eroberten Gebiete in kleine Einheiten auf, die nicht miteinander verbunden, sondern nur auf die Herrschenden ausgerichtet waren und um deren Gunst im Wettbewerb standen – eine frühe Form der Konkurrenz. Es ist ein Denkmuster, das Herrschaft und Dominanz bewirkt. Der Glaube an die Machbarkeit bzw. an die erfolgreiche Umsetzung der eigenen Vorstellungen ist weit verbreitet. Es ist ein Verhalten, das durch Eroberung seine eigenen Interessen durchsetzt, ohne die Dynamiken, die das Lebensgleichgewicht im Umfeld bedingen, zu beachten. Aus dieser Tradition hat sich das machtorientierte, zentralistisch-charismatische Führungsmodell entwickelt.

Die eigene Position verteidigen schafft ein Gefühl der Sicherheit
Dieses Muster hat sich im Laufe der Geschichte, aufgrund der kolonialen Bestrebungen, auf allen Kontinenten ausgebreitet. Entwicklungsideen wurden einfach umgesetzt, ohne darauf zu achten, wie dadurch die Umwelt verändert wird, welche Konsequenzen das für die Umwelt hat. Es ist ein Denk- und Verhaltensmuster, das geprägt ist von festen, fast unumstößlichen Vorstellungen, Prinzipien und Werten. Es wird in unserer Kultur als solide und stabil bezeichnet und bestimmt heute noch im Wesentlichen die Führungskultur weltweit. Wenn auch aufgeweicht durch Projektorganisationen und agile Strukturen, so wird doch noch in den meisten Organisationen zentral über Prozesse entschieden. Transformation ist für diese Denkgewohnheit ein gesteuerter Prozess, der kontrolliert stattfindet und den Zwecken und Zielen der Entscheider dient.

Der Preis solcher Denkstrukturen
Die Auswirkungen des Klimawandels scheinen immer noch nicht stark genug zu sein, damit die Transformation, die notwendig erscheint, stattfinden kann. Sébastien Bohler beschreibt in seinem Buch „Le bug humain" [8] sehr eindrücklich, wie viele Wüstenlandschaften entstanden sind, weil die Läufe der Flüsse und des Grundwassers verändert wurden und das Wasser sich selbst neue Wege suchte. Gegenden, in denen es bis dahin genügend Wasser gegeben hatte, trockneten aus, weil die Flüsse anders flossen. Er gibt als Beispiel die blühende Landwirtschaft von Babylon, wo durch die künstliche Bewässerung der Grundwasserspiegel sich senkte und das Land, nach kurzer Zeit der Blüte und des

Wohlstandes, sich in eine Wüste verwandelte. Es ist ein eindrückliches Beispiel dafür, was geschieht, wenn Visionen umgesetzt werden, ohne langfristige Auswirkungen auf die natürlichen Gegebenheiten zu bedenken, ohne zu überlegen, wie die Vision im Einklang mit den Gegebenheiten gebracht werden kann.

Die Auswirkungen solchen Denkens – Beispiel
Unser Verwaltungs- und Wirtschaftssystem hat lange Zeit durch seine Organisationen sehr erfolgreich nach diesem Verhaltensmuster von Herrschaft und Dominanz funktioniert und denen, die es beherrschten, zu Wohlstand verholfen. Es hat den Globus erobert und verändert. Seit dem Beginn der Globalisierung und der Entwicklung demokratischer Strukturen lernen wir jedoch, was es für Organisationen bedeutet, einem Umfeld (anderen Kulturen?) Strukturen aufzuzwingen, die das Gleichgewicht stören, weil sie mit den Gegebenheiten nicht im Einklang sind. Es zeigt sich in den Herausforderungen, denen viele Organisationen in Entwicklungsländern begegnen. Diese belegen, wie schwierig Transformation sein kann, wenn das Verhaltensmuster der nord-westeuropäisch geprägten Kultur auf ein anderes Muster trifft, auf Kulturen, die mit ihrem Umfeld in einer anderen Beziehung stehen als wir.

Denken in Verbindungen –
Denken in Verbindungen wird häufig auch als vernetztes Denken bezeichnet. Es gibt verschiedene Formen des vernetzten Denkens. Zwei davon möchte ich hier erwähnen:

a. Vernetzung **von Gegensätzen** – denken in sich verbindenden Polen.
b. Vernetzung **im Kontext** – Denken in Wechselwirkungen.

Denken in sich verbindenden Polen In den asiatischen Kulturen finden wir ein Denkmuster, das auch in Polaritäten denkt und diese zu verbinden versucht. Das eine existiert, weil es das andere auch gibt. Ohne das eine gibt es auch das andere nicht.

Der Baum bietet dafür ein sehr gutes Beispiel: Krone und Wurzelwerk sind zwei „entgegengesetzte" Elemente des Baumes. Die Krone strebt zum Licht, die Wurzeln bevorzugen die Dunkelheit. Die Krone stellt durch Photosynthese Nährstoffe her, die sie den Wurzeln sendet. Die Wurzeln suchen im Boden nach Wasser und Mineralstoffen, um diese wiederum der Krone für die Photosynthese zur Verfügung zu stellen. Die beiden werden durch den Stamm verbunden. Die Krone kann ohne die Stoffe der Wurzeln nicht existieren. Umgekehrt können die Wurzeln sterben, wenn sie von der Krone nicht genährt werden. Wollen wir die Mechanismen des Baumes verstehen, so ist es wichtig, die Wechselwirkung zwischen Krone und Wurzeln zu ergründen.

Denken in Wechselwirkungen Unserer westlichen Kultur ist das Denken in Wechselwirkungen teilweise fremd. Denken in Wechselwirkungen nimmt sich Zeit, alle Teile in ihrem Zusammenwirken zu betrachten. Es hat seinen Ursprung in der Beobachtung, dass es Gegensätze gibt, die einander bedingen: Krone und Wurzel, Tag und Nacht, Geben und Nehmen. Treten die beiden Pole miteinander in Verbindung entsteht eine Wechselwirkung, eine Dynamik, die sich kreislaufartig zwischen den beiden Polen fortsetzt, so wie die Wechselwirkung zwischen Krone und Wurzeln. Überall in der Natur sind diese Wechselwirkungen zu beobachten: das Leben des Planeten ist ein Netzwerk von Wechselwirkungen in unterschiedlichen Kreisläufen und Rhythmen.

Es ist ein Denken, das versucht, das Zusammenwirken einzelner Teile zu verstehen.

Mit welchen Auswirkungen? (Auswirkungen neuer/anderer Denkmuster) In Kulturen mit einem verbindenden Denken könnte Transformation Teil des Systems sein, wenn die Entscheider sie erlauben. Das Verbinden von Polaritäten führt zu einem kreisförmigen Denkmuster, das die Pole immer wieder neu verbindet. Es stellt sich die Frage:

- Wenn man beim Ausgangspol wieder angekommen ist, geht man die alten Wege wieder oder erlaubt man eine neue Qualität?
- Entstehen beim Verbinden der Pole Muster, die sich wiederholen, oder Muster, die sich weiterentwickelt haben/verändert haben?
- Ist Kreativität erlaubt oder nicht erlaubt?

Ganzheitliches Denken

Wie im Kapitel Stamm dargestellt, findet der Baum meistens auch im Innen das, was gebraucht wird, um Wind und Wetter auszuhalten, um Wärme und Wasserhaushalt auszugleichen, Schädlinge aufzuhalten.

Inneres und Äußeres verbinden Durch Intuition und innere Resonanz kann der äußere Kontext in seiner Tiefe erfasst werden. Dieses wäre eine dritte Möglichkeit mit Transformation umzugehen. Ausgehend von dem Satz Zukunft braucht Herkunft, zurückzuschauen, aus den Überlieferungen alter Weisheit der Antike und dem Wissen der indigenen Völker zu lernen. Vielleicht lassen sich dann Fehler, die sich erst durch langfristig Konsequenzen zeigen, jetzt schon vermeiden…

Beschäftigt man sich mit den Denkgewohnheiten der indigenen Völker, zeigt sich, dass sie nicht nach einem rationalen Muster handeln, sondern nach einem Muster, das die innere Resonanz mit äußeren Gegebenheiten verbindet. Sie glauben, dass alles nach einer natürlichen Ordnung geschieht. Sie beobachten diese Ordnung, die ständig in Bewegung ist, achten darauf, was die Gegebenheiten ermöglichen, wie Veränderungen vorgenommen werden können, ohne dem dynamischen Gleichgewicht in der Natur zu schaden. Dazu gehört, die Zeichen in dem Umfeld und der Umwelt zu erkennen und diese richtig zu deuten.

Ein Beispiel dafür erzählt, wie sich vor dem Tsunami in Thailand, im Jahr 2005, die Tiere plötzlich alle in die Berge zurückzogen, denn sie hatten wahrscheinlich das Seebeben wahrgenommen. Die Moken, die auf dem Wasser leben, sahen, dass die Delfine ins tiefere Wasser zogen. Sie wussten aus den Überlieferungen, dass es dann gut ist, mit der Strömung hinauszutreiben und in ruhigere Gewässer zu steuern. Sie wurden von der Welle nicht erfasst. Sie hatten die Dynamik der treibenden Kräfte richtig interpretiert. Ähnlich ging es den Umweltaktivisten, welche die Sahelzone begrünen wollten. Viele der gepflanzten Bäume vertrockneten. In den Regionen, wo jedoch die alten Wurzeln aus dem Boden wieder freigelegt und gepflegt und vor Tieren geschützt wurden, da entstanden grüne Flächen.

Eingebettet in das große Ganze

Die Beispiele weiter oben zeigen, dass die indigenen Völker in einer ständigen Beziehung mit der Umwelt sind und wie sie die Beobachtungen mit Erfahrungswerten abgleichen. Die Denkgewohnheit der indigenen Menschen ist bestimmt durch die Überzeugung, Teil eines großen Ganzen, der Natur, zu sein, in der sie eingebettet sind und mit der sie in ständiger Wechselwirkung stehen. Diese Wechselwirkungen innerhalb der Natur betrachten die Indigenen als natürliche Ordnung. So wie die Umwelt sich verändert, erweitern und entwickeln sie den Erfahrungspool und das Wissen. Letzteres passen sie an, um das Gleichgewicht im großen Ganzen nicht zu stören.

Transformation passiert für sie im Außen ständig, und sie sehen sich als aktiver Teil im Wandlungsprozess, der für die Aufrechterhaltung des Gleichgewichtes eine wichtige Rolle spielt, damit die natürliche Ordnung der Dinge aufrechterhalten bleibt.

Auswirkungen ganzheitlichen Denkens

Der ganzheitliche Denkansatz, der indigenen Völker ist weniger auf persönliches Wohlergehen ausgerichtet, sondern auf den Erhalt des Ganzen. Er entsteht aus der Erkenntnis heraus, dass alles mit allem verbunden sei. Die Wirtschaftsstrukturen dieser Gemeinschaften sind weniger durch Gewinn als durch Existenzsicherung bestimmt. Sie leben in kleinen Gemeinschaften mit klaren Strukturen, in der jeder und jede, entsprechend ihrem Empfinden der „natürlichen Ordnung" seinen/ihren Platz hat. Transformation findet für sie in der Natur ständig statt. Sie geschieht innerhalb einer „natürlichen Ordnung", die wir in unserem westlichen Denken als Naturgesetze bezeichnen.

- Was wissen wir noch von der natürlichen Ordnung der Dinge?
- Was können wir als natürliche Ordnung in unseren Organisationen bezeichnen?

Zusammenfassung der Denkansätze

Die drei Denkansätze unterscheiden sich im Wesentlichen durch die Art und Weise, wie sie den gleichen Zusammenhang, die Welt, die Natur anschauen: (durch ihr Weltbild?)

Tab. 5.2 Wie Denkansätze unterschiedlich fragen

Denkansatz	Frage
Denken in Gegensätzen	Welcher der drei Ansätze ist denn der Richtige?
Sowohl-als-Auch Ansatz	Wie lassen sich die drei Ansätze verbinden?
Denken in Wechselwirkungen	Welche Faktoren wirken worauf ein?
ganzheitliche Denken	Welcher Ansatz passt zu welcher Situation, in welchem Zusammenhang?

- Als abgegrenzte Einheiten: Mensch gegenüber der Natur?
- Als Verbindung von Gegensätzen: Mensch und Natur?
- Als Ganzheit: Mensch **in** der Natur?

Die Antworten auf diese Fragen bestimmt das Verhalten bezogen auf die Umwelt und demzufolge auch bezogen auf Organisationen.

Im Hinblick auf den Transformationsprozess stellen die Denkansätze unterschiedliche Fragen Tab. 5.2:

Die Organisation als komplett vernetztes System zu verstehen, erfordert eine Denkgewohnheit, durch welche die Dinge umfassend in ihren Zusammenhängen betrachtet werden. Tab. 5.3.

5.4 Bedeutung für den Transformationsprozess?

Veränderungen, Wandel oder Transformationsprozesse begleiten, erfordert ein Denkmuster, das bereit ist, aus der erhaltenen Information ein tiefes Verständnis der treibenden Kräfte zu entwickeln, die hinter den Erscheinungsformen in Wechselwirkung treten.

In der derzeitigen Situation hat jede Organisation die Wahl, welchen Weg sie gehen wird. Die einzige Frage, die sich dabei stellt, ist jene nach den Konsequenzen dieser Entscheidung.

Wie schon erwähnt, passt der Baum seinen Prozess der Transformation ständig den Gegebenheiten an. Sein Sensorium reagiert unmittelbar auf Impulse, mal mit Widerstand, mal mit Biegsamkeit (Sturm), mal mit Abwehr (Schädlinge, Gefahren), mal mit Abgabe von Nahrung

Tab. 5.3 Vergleich unterschiedlicher Denkansätze

Denken in abgrenzenden Einheiten	Verbinden der Gegensätze	Ganzheitliches Denken
Ist hilfreich, um Komplexität in Sinneinheiten aufzugliedern	Sieht Gegensätze nicht als trennend an	Es sieht Einzelheiten im Kontext, wie die Teile sich im Ganzen zusammenfügen
Schafft ein vertieftes Verständnis für die Teile	Es sieht das Feld zwischen den Polen	Es sieht gleichzeitig komplexe Vorgänge im System
Es hilft ähnliche Elemente zu bündeln	Es anerkennt Gegensätze und erkennt Wechselwirkungen als natürliche Dynamik an	Es registriert, wie das von uns als Ordnung empfundene System beeinflusst wird
Setzt voraus die Funktion der Elemente in dem Zusammenspiel der Kräfte zu berücksichtigen	Es kann Vernetzungsmöglichkeiten aufdecken	Es stellt fest, wie sich Veränderungen auf den gesamten Kontext auswirken
Paradoxe werden aufgelöst durch „entweder-oder" Entscheidungen	Paradoxe sind natürlich	Integriert Paradoxe als Teile des Ganzen

an kleinere Bäume und andere Lebewesen, die in ihm leben. Über die Jahrtausende hat er ein Programm entwickelt, das Signale interpretiert und systemerhaltend darauf reagiert.

* Wie können wir unsere Denkmuster neu verbinden, um Erfahrung mit Neuem so zu verknüpfen, dass das Entweder-oder-Denken bzw. das Sowohl-als-auch-Denken nicht mehr als Gegensätze aufgefasst werden?
* Wie können wir unsere Denkmuster entwickeln, so dass die verschiedenen Möglichkeiten jeweils zum Erhalt des Ganzen eingesetzt werden?
* Wie können wir die einzelnen Teile in ihrer Gegensätzlichkeit, ihre möglichen Verbindungen und das Ganze als solches gleichzeitig im Blick behalten?
* Wie können wir jedes der drei Denkmuster zum richtigen Zeitpunkt anwenden?

Ein neues Arbeitsverständnis, Aufgaben und Rollenverständnis
So wie der Baum nach der Blüte zur Bildung von Früchten andere
Nährstoffe und auch andere interne Prozesse durchläuft, so erfordern
digitale Arbeitsprozesse nicht nur ein grundlegend neues Denkmuster.
Mit ihnen ist auch die Notwendigkeit eines neuen Aufgaben- und Ar-
beitsverständnisses, eines neuen Rollenverständnisses und dem Erlernen
neuer Fähigkeiten und Fertigkeiten verbunden.

Das Arbeiten mit vernetzten Strukturen bedarf neuer Formen der
Zusammenarbeit, ein neues flexibles Teamverständnis. Waren es bisher
feste Teams, die ein Zugehörigkeitsgefühl vermittelten, so lösen sich
diese Strukturen auf.

• Woran wird dann die Zugehörigkeit gekoppelt?

Die Arbeit im Team wird zum Selbstverständnis mit dem Zusatz, dass
Mitarbeitende nicht nur einem Team, sondern gleichzeitig verschiedenen Teams angehören. Zudem entstehen durch die Komplexität der
Aufgaben neue Vernetzungen von Experten verschiedener Fachrichtun-
gen oder Themenbereiche. Die Form der Zusammenarbeit bedarf einer
hohen Bereitschaft zur Kooperation, zum Informationsaustausch und
zur Konsensfindung. In vernetzten Strukturen ist Teamkultur grundle-
gender Bestandteil der Organisationskultur und erhält daher eine größere Bedeutung als bisher. Es hat zur Folge, dass sich das abgrenzende
Arbeitsverständnis in einzelnen Arbeitsbereichen verändert. Die Ein-
zelleistung verschiebt sich hin zu einem Aufgabenverständnis bezogen
auf den Beitrag zur gemeinsamen Aufgabenerfüllung. Das bedarf eines
Bewusstseins, dass jeder Beitrag, jede Aufgabe im Unternehmen, wichtig ist, damit der Prozessfluss nicht ins Stocken gerät. Ein Ausfall wirkt
sich durch die Vernetzung auf das ganze System aus. Wenn wir verstehen, dass der Erfolg Einzelner immer auch das Ergebnis der Arbeit vieler Menschen ist, kann das einen Einfluss auf das Rollenverständnis von
Führungskräften und Mitarbeitern haben.

Denken wir an den Baum: Was wäre, wenn die Blüte des Apfelbaumes sagt: „Ich möchte kein Apfel werden, ich möchte so schön und
weiß bleiben!"?

In jedem Transformationsprozess gibt es eine Konstante
Um einen neuen Vorgang zu verstehen, brauchen wir einen Bezugspunkt oder ein System, das uns ermöglicht, den Baum als ein Gefüge von Netzwerken und als Sinnbild für Verbundenheit zu sehen.

Im Prozess von Veränderung und Wandel bleibt immer etwas in der äußeren Form konstant. Wenn äußere Formen sich verändern, so dass der Ursprung formal nicht mehr zu erkennen ist, so bleibt die Idee dennoch erhalten. Das klassische Beispiel dafür ist die Transformation der Raupe in einen Schmetterling. Formal haben die beiden gar nichts miteinander zu tun. Sie sind vom Aussehen und Verhalten her zwei verschiedene Wesen. Und doch gibt es eine Konstante im genetischen Code, denn die Form des Schmetterlings ist im genetischen Code der Raupe enthalten. Gleiches wurde in vorangehenden Kapiteln vom Baum erläutert: der Baum ist im Samen enthalten. Auch innerhalb der Entwicklung von der Fackel zum LED-Leuchtkörper haben mehrere Transformationen stattgefunden. Aber die Idee Licht in den Raum zu bringen ist die gleiche geblieben. Folglich stellt sich für Veränderungen und Transformationen immer die grundlegende Frage:

- Was ist die Konstante?
- Was ist der kleinste gemeinsame Nenner?
- Was ist der Ursprungsgedanke?
- Was sind die Ursprungsprinzipien/Naturgesetze, die in dem Phänomen wirksam werden?

Antworten auf diese Fragen können neue Zusammenhänge erkennen lassen, Türen öffnen und neue Wege aufzeigen. Ein solcher Prozess lässt Resonanz entstehen und verbindet mit Wissen mit kreativem Potenzial, lässt uns erfahren, dass Organisation mehr ist als die Summe aller Teile ist.

Daraus kann sich eine neue Kompetenz entwickeln, die ganzheitliches Denken unterstützt: Umwelt- und Ressourcenorientierung.

Umwelt- und Ressourcen Orientierung
In der Natur werden keine Ressourcen vergeudet. Jedes Lebewesen nimmt nur so viel wie es braucht. Der Baum nimmt nur so viel Wasser,

Licht und Wärme wie er verarbeiten kann. Im Herbst werfen Bäume die Blätter ab, damit im Winter der Schnee die Äste nicht bricht. Suzanne Simmard fand heraus, dass die Pilze an den Wurzeln übrige Glukose an andere Bäume weiterleiteten. [1] Gleiches tun auch Bäume. Sie ernähren über die Wurzeln auch junge Bäume mit – nicht nur von der eigenen Art, sondern auch andere Arten. Die herunterfallenden Blätter lösen sich auf und geben einen fruchtbaren Humusboden, reich an Organismen, der für die Bäume wieder nährend wirkt.

Menschen mit einem Denkmuster, welches bewirkt, dass die Umwelt unterworfen und dominiert wird, betrachten die Umwelt als Ressource. In ihrem Denkmuster ist die Umwelt ein Ressourcenpool, der einfach benutzt werden kann, ohne dass man sich Gedanken macht, ob die Ressourcen begrenzt sind oder was es bedeutet, diese aus ihrem Umfeld zu entfernen. Diejenigen, die von diesem Denkmuster bestimmt sind, verbrauchen Ressourcen, ohne zu überlegen, dass die Natur ein Kreislauf ist und dass dieser Kreislauf auf Geben und Nehmen aufgebaut ist.

Lange Zeit hat dieses Denkmuster die Entwicklung bestimmt. Heute wissen wir, dass es nur die Hälfte des Weges ist, dass Nehmen allein und ausschließlich Lebensgrundlagen zerstören kann. Das immer nur Nehmen zerstört die Lebensgrundlage von Organisationen, wenn nicht mehrgenügend Rohstoffe da sind, aber auch die Lebensgrundlage der Menschheit, wenn wir nicht auf die Umwelt achten. Dieses Phänomen ist nicht unbekannt und nimmt aktuell einen wichtigen Platz in der gesellschaftlichen Diskussion ein unter dem Thema Klimaschutz und Nachhaltigkeit. Dieser Diskurs wirft Fragen auf wie:

- Ist es aber auch Teil unseres Bewusstseins?
- Was geben Organisationen zurück?
- Wie achten sie auf Nachhaltigkeit?
- Was bedeutet Nachhaltigkeit für die einzelnen Bereiche?
- Wie müssen Prozesse neu gedacht werden, um die Umwelt nachhaltig zu schützen?
- Sind nachhaltige Prozessgestaltung und umweltfreundliche Vorgehensweisen Teil der Organisations- und Unternehmensbewertungen?

Organisationen, die in den nächsten Jahren überleben wollen, kommen nicht umhin ihre Prozesse nachhaltig zu gestalten und das erfordert ein ganzheitliches Denken, das die Gegebenheiten des Umfeldes in ihre Strategie mit einbezieht und die eigenen Vorstellungen daran anpasst. Das ermöglicht Resilienz. Gleichzeitig wird Einschätzungskompetenz eine große Rolle spielen.

Wie der Baum das macht?

Ein letztes Beispiel: Immer wieder kann man im Wald sehen, wie Baumstümpfe aus den Wurzeln neu ausschlagen. Es gibt sogar das Bild von umgefallenen Baumstämmen, auf denen neue Bäume wuchsen. Es waren Äste, die sich aufstellten und einen kleinen Stamm ausbildeten. Und sie trieben auch nach unten, durch den Stamm in den Boden.

Altes kann Neues nähren und Neues braucht einen guten Boden, Raum und Licht, um wachsen zu können. So kann jede Organisation in ihrer Entwicklung viele Fehler vermeiden, wenn sie ihre eigenen Dynamiken versteht, mit ihren Ressourcen bedacht umgeht und die Erfahrung ihrer Geschichte nutzt, denn Zukunft braucht Herkunft.

Literaturverzeichnis

1. **Albrecht Arnd,** (2021): Zukunftsgerecht führen, Springer Gabler Verlag, Wiesbaden
2. **Algorithmwatch,** (2023): https://algorithmwatch.org/de/zweites-arbeits-papier-ueberpruefbarkeit-algorithmen/
3. **Anderl Mirja, Uwe Reineck,** (20218): Minihandbuch Organisationsent-wicklung, Belz Verlag, Weinheim Basel
4. Barrett Richard, (2015) Werteorientierte Unternehmensführung, Springer Gabler Verlag, Wiesbaden
5. **BDIT Digitale Transformation** https://www.bidt.digital/publikation/di-gitalisierungsstrategien-bundesdeutscher-laender/
6. **Bridle James,** (2023) Ways of Being. The Search for a Panetary Intelli-gence, Penguin Random House UK
7. Bohler Sébastien, (2019) Le bug humain, Robert Laffont Paris
8. **Boysen Werner,** (2021) Management Kybernetik, Carl Auer Verlag, Heidelberg
9. **Capra Fritjof,** (1999) Lebensnetz, Knaur Verlag, München
10. **Capra Fritjof und Pier Luigi Luisi,** (2014) The Systems View of Life, Cambridge University Press
11. **Caye Jean Michel,et al** (2022) https://www.bcg.com/publications/2022/all-about-generative-leadership-and-its-benefits
12. **Coccia Emanuele,** (2021) Die Wurzeln der Welt, dtv München

© Der/die Herausgeber bzw. der/die Autor(en), exklusiv lizenziert an Springer Fachmedien Wiesbaden GmbH, ein Teil von Springer Nature 2025
U. Schullerus, *Organisationsentwicklung im Spiegel der Natur*,
https://doi.org/10.1007/978-3-658-45064-9

13. **Corlet Eva** (2022): The Guardian, https://www.freitag.de/autoren/the-guardian/sitka-fichte-forschung-zu-kohlendioxidspeichern-am-einsamsten-baum-der-welt?utm_source=pocket-newtab-global-de-DE
14. Delfmann Prof. Dr Werner (Hersg), Markus Rehilen, (1998) Führung in Heterarchien, Arbeitsberichte des Seminars für allgemeine Betriebswirtschaftliche Planung und Logistik, der Universität zu Köln, Arbeitsbericht NR 98
15. https://karrierebibel.de/denkmodell/
16. **Oesterreich Bernd, Claudia Schröder** (2019) Agile Organisationsentwicklung, Franz Vahlen Verlag, München
17. **Dachs Clemens, Moritz Hornung** (2021) Zellkultur. Ein Business-Roman über Bionisches Organisationsdesign, Nova MD GmbH Vachendorf
18. **Dark Horse Innovation,** (2023) Future Organization Playbook Murmann Publisher Hamburg
19. **Ebert Alexander:** Erfolgreich Digitalisierung braucht Kulturwandel online article: https://www.springerprofessional.de 07.09.2021 | Verwaltungsmanagement | Nachricht | Onlineartikel
20. **Eisenstein Charles** (2019) Klima – eine neue Perspektive, Europa Verlag, Zürich München Wien Berlin Gaius Plinius Secundus, (2022) Über Bäume Reclam Ditzingen
21. **Erk Christian** (2022): Unternehmens Ökosysteme Gemeinsam Nutzen stiften, Springer Gabler
22. **Foster John** (1997): Structural Change and Economic Dynamics, Vol 8, issue 4, October 1997, Pages 427-451, Department of Economics, University of Queensland, Brisbane, QLD 4072, Australia
23. **Geiger Thomas:** https://www.spiegel.de/auto/aktuell/bionik-in-der-auto-industrie-natur-als-vorbild-a-141145.html
24. **Göpel Maja,** (2023) Wir können auch anders, Ullstein Verlag, Berlin
25. **Hofert Svenja,** (2018) Das agile Mindset, Springer Gabler, Wiesbaden
26. **Hutchins Giles & Laura Storm,** (2019) Regenerative Leadership, Wordzworth
27. **IGBCE.de:** Anforderungen an den Wandel in der Industrie Stand 03/23
28. **Jacob, Klaus et al.** (2015). Was sind Transformationen? Begriffliche und theoretische Grundlagen zur Analyse von gesellschaftlichen Transformationen. Teilbericht 1 des Projektes „Nachhaltiges Deutschland 2030 bis 2050 – Wie wollen wir in Zukunft leben?". Umweltbundesamt. Texte 58/2015.

29. **Laloux Fredeic,** (2016) Reinventing Organizations, Franz Vahlen, München

30. **Morgan Gareth,** (2008) Bilder der Organisation, Schäfer Poeschel Verlag Stuttgart

31. **Karst J. et al** (2023): Positive citation bias and overinterpreted results lead to misinformation on common mycorrhizal networks in forests, in: nature ecology and evolution: https://www.nature.com/articles/s41559-023-01986-1; https://www.mdr.de/wissen/wald-baume-sprechen-unter-irdisches-netzwerk-pilze-100.html

32. Keller Katrin, (2018) Nachhaltige Personal- und Organisationsentwicklung, Springer Gabler Verlag, Wiesbaden

33. **Knopf Kerstin** (2017): https://www.researchgate.net/publication/305544196_The_turn_toward_the_indigenous_Knowledge_systems_and_practices_in_the_academy

34. **Kornel Stadler** https://www.handelszeitung.ch/bilanz/new-business-da-rum-ist-der-klassische-manager-nicht-mehr-gefragt-351900

35. **Kruse Peter** (2004) Next Practice, Erfolgreiches Management von Instabilität, Gabal Verlag, Offenbach

36. **Lambertz Marc,** (2018) Die intelligente Organisation Business Village, Göttingen

37. **Lebdioui Amir** (2022): https://www.sciencedirect.com/science/article/pii/S0921800922002476 Nature-inspired innovation policy: Biomimicry as a pathway to leverage biodiversity for economic development, Ecological Economics Dec 2022, Vol 202

38. **Macy Johanna, Chris Johnstone** (2014) Hoffnung durch Handeln. Dem Chaos standhalten ohne verrückt zu werden, Junfermann Verlag Paderborn

39. **Mancuso Stefano,** (2018) Die unglaubliche Reise der Pflanzen, Klett Cotta Verlag, Stuttgart

40. **Mancuso Stefano, Alessandra Viola,** (2015) Die Intelligenz der Pflanzen, Kunstmann Verlag, München

41. **Mary Parker Follett,** (2017) Ideas We Need Today, Francois Héon Inc. The MPF Group Canada

42. **Morawietz Holger** (2022): Quelle: https://praxistipps.focus.de/wie-ba-eume-kommunizieren-die-sprache-der-baeume_145818

43. **Polanyi, Karl** (1973). The Great Transformation: Politische und ökonomische Ursprünge von Gesellschaften und Wirtschaftssystemen. Suhrkamp Verlag

44. **Razavi Reza,** (2022) Die Magie der Transformation, Haufe Verlag, Freiburg München Stuttgart

45. **Rosa Hartmut,** (2018) Unverfügbarkeit Residenzverlag, Wien, Salzburg

46. **Reintjes Dominik** (2001): Leistung oder Harmonie im Betrieb: Den meisten Angestellten geht es um Macht. Psychologische Studie Wer braucht schon Harmonie – die meisten Beschäftigten streben nach Macht https://www.wiwo.de/erfolg/management/psychologische-studie-wer-braucht-schon-harmonie-die-meisten-beschaeftigten-streben-nach-macht

47. **Rinaudo Toni:** https://www.geo.de/natur/nachhaltigkeit/20772-rtkl-tony-rinaudo-dieser-mann-verwandelt-wueste-bluehende-landschaften

48. **Rosa Hartmut,** (2023) Resonanz eine Soziologie der Weltbeziehung, Suhrkamp Taschenbuch Wissenschaft

49. **Salm Yvonne** (2018): https://www.trendsderzukunft.de/lebendiger-rhythmus-der-natur-forscher-entdeckt-den-herzschlag-der-baeume/

50. **Scholz Leander** (2017): Bruno Latour: Der Kampf um Gaia „Im Zeitalter der ökologischen Krise" https://www.deutschlandfunk.de/bruno-latour-kampf-um-gaia-im-zeitalter-der-oekologischen-100.html

51. **Seliger Ruth,** (2022) Systemische Beratung der Gesellschaft, Strategien für die Transformation, Carl Auer Verlag, Heidelberg

52. **Seliger Ruth,** (2023) Das Dschungelbuch der Führung, Carl Auer Verlag, Heidelber

53. **Senge Peter M.,** (2008) Die Fünfte Disziplin, Schäfer Poeschel Verlag Stuttgart

54. **Simard Suzanne** (2022) Die Weisheit der Wälder, btb Verlag München

55. **Thoma Erwin** (2019) Die geheime Sprache der Bäume, Servus bei Bevento Publishing

56. **Tazzi Fausto,** (2017) Biomimicry in Organisations, Paris

57. **Vester Frederic,** (2007) Die Kunst vernetzt zu denken dtv München

58. **Wahl Daniel Christian,** (2022) Regenerative Kulturen gestalten, Phaenomen Verlag Palma de Mallorca

59. **Wengelski-Strock Sabine,** (2020) Organisationsentwicklung aus der Praxis für die Praxis, Springer Verlag, Wiesbaden

60. **Wohlleben Peter,** (2017) Hörst du die Bäume sprechen, Oetinger Verlag Hamburg

61. **Wohlleben Peter, Pierre L. Ibisch** (2023) Waldwissen Vom Wald her die Welt verstehen Ludwig Verlag, München

62. **Zürcher Ernst,** (2020) Die Bäume und das Unsichtbare, at Verlag, Aarau und München

The manufacturer's authorised representative in the EU is Springer
Nature Customer Service Centre GmbH, Europaplatz 3, 69115 Heidelberg,
Germany. If you have any concerns regarding our products, please
contact ProductSafety@springernature.com

Printed and bound by CPI Group (UK) Ltd, Croydon, CR0 4YY
24/04/2026
02096367-0006